女孩养育书

编著

台海出版社

图书在版编目（CIP）数据

女孩养育书 / 李世强编著. -- 北京 : 台海出版社, 2020.12

ISBN 978-7-5168-2803-8

Ⅰ. ①女… Ⅱ. ①李… Ⅲ. ①女性—家庭教育 Ⅳ. ①G78

中国版本图书馆CIP数据核字（2020）第215876号

女孩养育书

编　　著：李世强

出 版 人：蔡　旭　　　封面设计：小马车
责任编辑：俞滟荣

出版发行：台海出版社
地　　址：北京市东城区景山东街 20 号　　邮政编码：100009
电　　话：010-64041652（发行，邮购）
传　　真：010-84045799（总编室）
网　　址：www.taimeng.org.cn/thcbs/default.htm
E - mail：thcbs@126.com

经　　销：全国各地新华书店
印　　刷：廊坊市瀚源印刷有限公司
本书如有破损、缺页、装订错误，请与本社联系调换

开　　本：880 毫米 ×1230 毫米　1/32
字　　数：196 千字　　印　　张：9
版　　次：2020 年 12 月第 1 版　　印　　次：2020 年 12 月第 1 次印刷
书　　号：ISBN 978-7-5168-2803-8

定　　价：39.80 元

前 言 Preface

现在很多家庭都希望自己能养一个女儿，在很多人看来，女儿是父母的“贴心小棉袄”，女儿从小就懂得疼爱父母。而且，当女儿还很小的时候，粉嘟嘟的小脸蛋，忽闪忽闪的大眼睛，娇嫩的声音，会让父母瞬间就把一天当中的烦恼忘掉九霄云外。但也正因为女儿的可爱，让养育女儿的过程存在一个隐患——过度宠爱和娇惯。这样的结果往往是随着女儿越来越大，父母会发现原来可爱的女儿变得蛮横自私、我行我素，最后成为令父母头疼的事。

在如今这个男强女弱的社会中，虽然全世界都在呼喊男女平等，但女性的地位总体还是处于弱势。因此，在养育女儿的过程中，谁都希望自己的孩子聪敏、懂礼、自尊、自爱……成长为一个完美的女孩。

在陪伴女孩成长的过程中，父母总是提心吊胆，既怕过于宠爱造成女孩的骄横，又怕过于严苛给女孩带来自卑，还要时刻关注着女孩渐渐从稚嫩走向成熟。而处于青春期时，更得担心她与异性的接触，防止女孩早恋；又得关注女孩身边的朋友，防止接触到坏人，让女孩误入歧途……不得不说，父母一边享受着养育女孩带来的欢乐，一边牵肠挂肚操心着女孩的成长。这可能就是所谓的“痛并快乐着”。

每一个女孩都是一朵漂亮的花朵，她们各不相同、各有各的美丽。身为父母，陪伴女孩成长时，不仅要给予孩子无微不至的关怀，更要学会与女孩保持适当的距离，不能过于介入她们的成长，让女孩完全受你们的摆布。我们都知道，男孩的心思比较大条，女孩的心思比较细腻敏感，所以在对待女孩时，需要父母更懂得适度，更懂得什么时候应该关怀，什么时候应该放手。既给女孩子个人空间，又要让她体会到你们对她的关爱。唯有这样，女孩的成长才会健康快乐。

没有不爱自己孩子的父母，更何况是一个“贴心小棉袄”，但不是有爱就能成为一个优秀的父母。唯有了解女孩的身心，在她们成长的过程中明白女孩想得到怎样的帮助、想得到怎样的尊重和自由、想得到怎样的关爱，才能成为一个合格的、优秀的父母。

本书分 10 章，全方位地为父母讲述了女孩在不同阶段需要父母怎样的教养，本书通过理论结合案例的方式，深入浅出地告诉家长在什么样的情况下应该如何管教女孩。相信父母们在看完本书后，对于教育女孩会有更加深刻的理解，在教育自己家的“贴心小棉袄”时，也能越来越得心应手。而家里的这位“贴心小棉袄”在父母们正确的教育之下，一定会茁壮成长，最终成为社会上独当一面的人才。

目 录
Contents

047 第三章 克服交际障碍，打开女孩的友谊之路

073 第四章 释放孩子天性，让她在快乐中成长

099 第五章 进行挫折教育，不做柔弱的小公主

127 第六章 远离负面情绪，做健康快乐的女孩

151 第七章 学会沟通，打开女儿心扉的大门

第一章

给予女孩关爱，呵护幼小而敏感的心

小女孩，需要父母给予更多的爱

女孩在成长初期都是非常感性和敏感的，这一点在3—6岁这个年纪的女孩身上表现尤其明显。这个年纪的女孩，刚刚有了自己的思想，学会了说话和走路，她们希望有自己的空间，但她们更希望得到父母的关爱。作为家里的小棉袄，父母要给予这个年纪的女孩更多关注和更多的爱，让她们体会到无微不至的呵护，这样孩子才会茁壮成长。

这天晚上，妈妈因为上班很累很辛苦，需要好好休息，所以没有陪伴四岁的甜甜睡觉，为此甜甜生妈妈的气了！在睡觉之前，她气鼓鼓地离开妈妈的房间，说："我就知道你不会要我的！"其实，妈妈何尝不想每天晚上都搂着香喷喷的甜甜入睡呢？只是因为妈妈也需要抽空补充睡眠，所以不得不偶尔让奶奶陪着甜甜入睡。

次日早晨，妈妈一起床就去看甜甜。甜甜已经醒了，听到妈妈亲昵地呼唤她的名字，甜甜当即撅着小屁股对着妈妈，不愿意看妈妈。妈妈意识到甜甜还在生气，不由得感到很无奈：这个家伙怎么一直在生气呢，这么记仇！

如果父母拥有养育男孩和女孩的经历，在对比之中，就会发现女孩比男孩更加感性。如果说男孩是粗线条的，那么女孩则是非常温柔细腻的。对于那些细小的事情，女孩都可以敏锐地感知到，就像事例中的甜甜，虽然才四岁，但是她对于前一天晚上的事情一直表示很生气。直到次日清晨醒来，她仍不愿意与妈妈恢复亲密的关系，这可真是个记仇的小姑娘。这就告诉父母，在面对这个年龄段的女孩，要以更加柔和细腻的方式对待，而不要以养育男孩那种简单粗暴的方式套用在她们身上。

在女孩的成长过程中，父母难免会和她们发生冲突，尤其是父母希望她们做什么，而她们又不愿意的时候，双方就会产生"拉锯战"。但作为父母，在面对 3—6 岁的女孩时，要更多地考虑这个年纪女孩的感性，从而照顾好她们的情绪。

女孩从小感知力就非常敏锐，所以她们对于家庭氛围的要求比男孩更高。通常情况下，当父母吵架的时候，男孩往往对此不以为然，也几乎不把这件事情放在心上，而女孩却会为此感到忧愁，乃至陷入焦虑紧张的状态。因此，对于女孩而言，父母能否在孩子小的时候就友好相处，决定了她是否从小具有安全感。

除了父母的婚姻关系会影响女孩的心理状态之外，亲子之间的各种误会，也很容易让女孩陷入焦虑之中。很多时候父母都会有这样的困惑：小女孩都有哪些心理需求呢？我应该如何做，如何缓解他们的焦虑呢？

儿童心理学家研究发现，女孩基本的心理需求主要包括以下几个方面：

1. 个人归属感的心理需求

每个人都有归属感的需求，他希望被一个集体或者一个团队接纳和肯定。女孩当然也不例外。有时候，女孩主动帮父母干活儿，就是为了满足自己的个人归属感。所以在保证安全的前提下，父母应该接受女儿的帮忙，这样一方面可以满足她的个人归属感的心理需求，另一方面还可以培养她的独立能力。

2. 情感依赖的心理需求

女孩对于情感依赖的需求是非常强烈的，因此，她会常常缠着父母，很大程度上是因为这种心理需求没有得到满足。所以，父母应该多和女孩沟通，满足女孩的这种心理需求。

3. 被关注的心理需求

当女儿感到自己被妈妈冷落时，会做出一些异常的举动来吸引妈妈的注意力，例如，大声唱歌、摔东西、说谎等。在这种情况下，妈妈应该和女孩多沟通，看她有什么心理需求，而不应该认为这只是女孩在故意搞破坏。

当了解了女孩的心理需求后，父母应该如何做呢？

方法一：让女儿的心理需求得到满足

随着生活节奏的加快，现在的妈妈和孩子在一起的时间越来越少了，这对女孩的心理健康会有一定的影响。所以父母（尤其是妈妈）应该多抽些时间来陪陪孩子，哪怕只是牵着她的小手去逛逛街、散散步，她也会感到非常快乐。

方法二：告诉女儿“妈妈是爱你的”

当女儿表现得非常缠人的时候，妈妈不要打骂女儿，而应该和女儿进行沟通，告诉女儿你是爱她的。当女儿的心理需求得到满足时，缠人的现象也就慢慢消失了。

方法三：主动让女儿帮自己做事

女孩有个人归属感的需求，她希望能为父母做些事，从而得到父母的肯定。所以父母应该满足女儿这样的需求，从而培养她的独立性。不过，在女儿“出色”地完成自己的任务时，父母要给予她适度的表扬，这样可以让她更乐于帮父母做事，并且养成爱劳动的好习惯。

总而言之，父母要让女孩感受到自己是被爱与尊重的，也要让女孩在家庭生活中获得真正的安全感，这样女孩才能够情绪平和、健康快乐地成长。

父母对孩子的知心话：

没有不爱孩子的爸爸妈妈。当你内心有想对爸爸妈妈说的话，随时都可以告诉爸爸妈妈。当你觉得有被冷落的感觉，也请告诉爸爸妈妈，不要把话隐藏在心里。记住，爸爸妈妈永远都是最爱你的人。

用沟通的方式，化解小女孩的敏感性

我们刚刚说过，女孩从小就比男孩敏感得多，即使是别人不经意间所说的一句话，都可能会让她们伤心好半天。这种敏感的特性对女孩来说是一把双刃剑：一方面，它使得女孩情感细腻，善于发现和捕捉一些微妙、细节性的信息；而另一方面，它又容易让女孩变得有些多疑，甚至感觉自己受到了伤害。

作为妈妈，一定要从小注意女孩这种敏感的特性，在女孩3—6岁能说话、有思想的时候就要注意与孩子沟通的方式，否则很可能无意中伤害到女孩。

妈妈刚把房间收拾好，5岁的女儿就把房间弄得乱七八糟。妈妈有些生气地说："你这孩子怎么这么累人，妈妈再也不喜欢你了！"刚才还在闹腾的女儿马上安静下来，沮丧地回到自己的房间。等到了晚上吃饭的时间，女儿仍待在自己的房间里不肯出来。妈妈去叫她吃饭，看到她脸上满是泪花，便问其中的原因，结果女儿一下子哭出声来："妈妈不要不喜欢我，我再也不累人了……"

一般来说，小女孩在会说话后就十分看重"人际关系"，尤其是和妈妈的关系。她们非常在意妈妈对自己的评价，所以妈妈不要用“我再也不爱你了”“我再也不喜欢你了”这样的话来吓唬小女孩，因为她们年纪还小，妈妈说的话她们势必会当真，并且内心感到十分痛苦。

因此，在与这个年纪的女孩沟通时，要掌握一些方法。

方法一：做女儿的知心朋友

一个妈妈曾经这样谈自己的育女经验：

很多妈妈都认为小女孩脆弱、敏感、不好相处，这是因为她们缺乏和女孩相处的正确方法。我和我女儿不仅仅是母女关系，更是朋友关系。所以，她什么话都愿意和我说。记得有一次她爸爸批评了她，她非常伤心地找到我说：“妈妈，我惹爸爸生气了，他会不会不喜欢我了？”我抚摸着女儿的头说：“爸爸怎么会不喜欢自己的宝贝女儿呢？不过你以后可不要让爸爸生气了。”女儿懂事地点点头，心中的担忧终于放下了。

这个妈妈的育女经验非常值得我们学习。小女孩有时是敏感的，妈妈只有和她成为好朋友，她才会放下戒备，让妈妈真正走进她的心灵，分享她的喜悦和痛苦。

方法二：批评女儿时告诉她你是爱她的

妈妈刚买回一条新裙子，就被女儿用小剪刀弄成了“残次品”。妈妈十分生气，斥责女儿说：“你这孩子怎么这么淘气，妈妈刚买的裙子就被你弄坏了……”妈妈的话还没有说完，女儿就哇的一声哭了起来，她一边哭一边说：“妈妈嫌贝贝淘气，不喜欢贝贝了……”妈妈意识到刚才的批评伤了女儿的心，赶紧抱住女儿，抚摸着她的头说：“贝贝是妈妈的乖女儿，妈妈怎么会不喜欢贝贝呢？不过以后贝贝再想当裁缝，要事先跟妈妈说，不要用小剪刀乱剪衣服了。”女儿点了点头，终于停止了哭泣。

生活中，小女孩十分在乎妈妈是否爱自己，有时候一句简单的批评，她们都能引申出其他的意思。所以我们在批评她们的时候可以用“妈妈是爱你的，但是妈妈不希望……”这样的句子，一方面可以避免让女孩过多猜想，另一方面也有助于她们改正错误。

方法三：增强女儿的自信心和承受能力

妈妈刚做好晚饭，就看到女儿抹着眼泪走进家门。妈妈问女儿发生了什么，女儿哭着说：“老师说我唱歌不好听，不让我参加幼儿园的合唱队。”妈妈安慰女儿说：“不能参加幼儿园的合唱队确实挺遗憾的，不过我家女儿不仅舞跳得好，画也画得好，可以参加幼儿园的舞蹈队和绘画班啊。”女儿一听来了精神，马上不哭了。妈妈接着说：“以后再遇到困难和挫折时，你不要光哭鼻子，因为这样做，什么事情也解决不了。你要通过自己的勤奋和刻苦去赶上并超过别人。”女儿点了点头，说：“妈妈，我懂了，我现在就练习唱歌去。”

在家里，我们可以照顾到女儿的情绪，不让她受到伤害，但是并不能保证所有的人都这样做。所以，为了让女儿少受伤害，就必须增强她们的自信心和承受能力。只有这样，才能让女孩坦然面对困难和挫折，而不是遇事时只会哭鼻子。

父母对孩子的知心话：

爸爸妈妈明白，有时候我们在气头上说的话对你造成了伤害。爸爸妈妈时常也懊悔，也在自我反省。如果在不经意间，爸爸妈妈的哪句话让你很受伤，请你谅解我们的无心之过。同时，也请你把我们的错误指出来，爸爸妈妈会及时改正的。

蹲下来，用孩子的角度与他沟通

每一位妈妈也都经历了从小女孩一直到现在慢慢长大的过程，对小时候被“教训”肯定会深有体会。那时，相信每一位还是孩子的妈妈们也肯定迷茫，对大人感到气愤，不解为何他们不理解自己。但现在成为孩子的妈妈，却又以大人的角度去看待孩子，丝毫不顾及孩子的感受。

孩子都有自己的想法，尤其是小女孩，她们的想法更多、更加细腻，她们希望得到妈妈的理解和尊重。但很多妈妈对待孩子就好像上级对待下级一样，不但不认同孩子的想法和行为方式，还强加干涉。这样一来，妈妈不但从心底觉得孩子难以管教，同时也会摧毁他们自己在孩子心中的良好形象。

其实，很多教育孩子的问题都不难解决，只要当妈妈的懂得蹲下来，以孩子的角度去看待问题，和孩子一起讨论问题，就能够赢得孩子的心、敞开孩子的心扉。

慧慧的妈妈原本遇到了一件异常气愤的事情，起初她满脑子的想法就是给妞妞这个捣蛋鬼一点厉害瞧瞧。但是当她看到孩子眼睛中流露出的纯真与用心，回想起当年的自己，立即改变了想法，她蹲下来和孩子一起慢慢交流、沟通，因此成就了一次难得的亲子互动。

有一天，慧慧的妈妈刚买完菜回到家，一进门的瞬间她就震惊了。她发现慧慧的身上和衣服上沾满了水彩的涂料，整个成了大花猫。而辛辛苦苦收拾干净的家，现在也是凌乱不堪，茶几上的桌布也已经被涂料染上各种斑点。妈妈看到这些，顿时气不打一处来，走上前就准备“教训”慧慧。可当她走到慧慧身边时，看到慧慧用水彩涂料画的那幅作品，手慢慢地放了下来。虽然是一幅很幼稚的画，但上面有着太阳、草原、房子，还有看起来像小朋友的几个人一起玩耍，妈妈忽然想到了自己小的时候，也总是喜欢这样画画。于是，妈妈蹲了下来，和慧慧说：“我们一起画好不好？”慧慧高兴地拍手答应了。就这样，母女两人一起又在房子旁边画上了秋千，房子的前面画了一条小河……时间过得很快，转眼到了晚上，当慧慧的父亲回到家时，母女俩都没有发现，不亦乐乎地继续画着这美好的一天。

妈妈与慧慧能够这样愉快地度过一天，最主要的原因是妈妈一开始没有因为慧慧把家弄乱而教训她，而是懂得蹲下来，回归到自己孩童时的心态，与慧慧一起完成她的画作。从这里可以看出，慧慧的妈妈就是一个具有高情商的妈妈，可以想象，如果妈妈一进门就因为家里凌乱而打骂了慧慧，不止母女俩一天的好心情都会受到影响，更会影响母女之间的感情和亲密度。

学会蹲下来，站在孩子的角度看待问题，这样不仅会对孩子的想法和做法能够理解，也会对孩子有更多的包容和肯定。当孩子感受到了家长的认可后，她的内心会感到愉快、得到满足，这会让孩子的成长更加健康。

丽丽放学回家后，向妈妈抱怨道："今天老师当着全班同学的面批评我，弄得我下不来台"。妈妈立即质问道："你是做了什么错事惹老师生气了？"丽丽说："我什么都没干，是老师借题发挥。"妈妈用不信任的口气说："你就会找借口。"丽丽不开心地瞪了妈妈一眼。妈妈继续追问："那你是怎么想的，又打算做些什么呢？"丽丽噘着嘴提高音量说了句："什么也不想，什么也不做。"妈妈意识到两人这样针锋相对地交谈下去，不但解决不了问题，还会引发矛盾，于是她决定放下家长的架子，以同学或是朋友的身份与丽丽交谈。她用温和而友好的语气说："老师当着全班同学的面批评你，我想你当时一定感到很委屈，又很没面子，是吧。"丽丽的态度发生了转变，她抬头看了妈妈一眼，眼中的怒火已经平息了不少。接着妈妈又说道："其实，妈妈小时候也遭遇过类似的事情。记得上小学四年级的时候，我参加期末考试，结果进了考场，发现自己忘记带铅笔了。我很害怕，赶快起身向旁边的同学借，谁知老师以为我要作弊，当场就对我进行了批评教育。当时，考场上那么多同学都看着我，或许也认为我是个作弊的坏孩子，弄得我既尴尬又气愤，一点都没有心情答题了。"丽丽听得津津有味，好像都忘记了自己不快，她对妈妈说道："其实我也是想跟同学借块橡皮用，总不能在本上乱涂乱改啊，可是老师偏偏认为我是错的，还批评我，真是不公平。"妈妈附和道："这确实不公平，那么为了避免再次被老师误解，我们是不是应该想想别的办法？"丽丽和妈妈交谈得很愉快，心情大好，她开心地说："很简单啊，那我多准备一块橡皮不就好了？"妈妈点点丽丽的额头，笑着说道：

“你真是个小机灵鬼。”

每一个孩子都有一个自己的世界，每一个孩子都是一个独立的天才，家长不能小觑了这些孩子。所以家长常抱着敬畏的心情与孩子们交流沟通和体验生活。无论是作为家长和老师，不得不承认孩子在一天天慢慢长大，思想在一天天复杂。孩子自有孩子自己的世界和想法，也许在家长的眼里他们总是孩子，但家长如果有足够的细心和观察力，肯定就会发现，孩子在不知不觉中思考着许多家长认为他们毫不知情的事情。当然也许会是因为年龄和人生阅历的关系，孩子所知也许只是一些表面的，肤浅的。但是孩子开始独立学习细心思考，不管思考的结果如何，孩子毕竟是动脑子想了，得肯定这一点孩子知道思考了。如果家长能够走进孩子的心灵世界，明白孩子的所思所想，家长便可以适时地加以正确疏导，引导他们少走弯路。在孩子增长文化知识的同时，帮助他们学会做人做事，逐渐变得成熟起来。

下蹲和孩子保持同等的高度，不单单要求家长要做到表面上的平等，实质上这是暗示家长要在心理上和孩子保持同等的位置，家长能这么做，才能真正做到用平等的态度去和孩子交流。因为只有在心理上和孩子保持平等，孩子才会向家长敞开自己的心扉。

蹲下来，这一步非常关键，因为不管孩子的想法正确或者不正确、有无道理，只有从生理上和心理上都能蹲下来和孩子说话，进入孩子的世界感受孩子，家长和孩子之间才能更好地沟通，才能建立家长与孩子间更亲密的关系，只有在了解了孩子的真实想法之后，才可能有的放矢地教育孩子。

父母对孩子的知心话：

爸爸妈妈没能站在你的角度看问题，没能顾虑你的感受，是我们的问题。今后我们一定会多与你沟通，蹲下来，站在你的角度去看问题。所以，也请你与我们敞开心扉，聊聊你的想法。爸爸妈妈相信，咱们会成为最好的朋友。

尊重孩子，给予她更多的信任

在女孩还很小的时候，父母大多觉得现在的孩子什么都不懂，我需要时刻约束着她。但身为父母的你是否曾经思考过：“当孩子的行动被你的行动所替代时，这是不是一种心理上的帮助，久而久之，孩子就从心理上形成了一种依赖感。”父母没有给予女孩一些自己做选择的权利，这在无形中阻碍了孩子的成长。

当今社会大多数家庭都是独生子女家庭，家庭教育问题也变得尤为严峻。据调查显示：现如今，父母从女孩很小的时候就越来越严厉，对女孩的要求也越来越多，这在无形之中给孩子造成了难以想象的压力，这种负担是女孩承受不起的。

在很多家庭中，我们发现很多女儿宁愿找陌生人聊天，也不愿意把秘密与父母分享。这就是她们对父母的不信任造成的。要想改善这种情况，父母就必须做到给予女儿足够的尊重，让女儿对他们产生信任，这样才能打开女儿的心扉。

作为女儿最亲近的人，我们为什么不能得到她们的信任呢？

蓉蓉上初二。她的妈妈怕她早恋，每次有男生给她打电话，总要查问老半天，有时候还会翻看她的日记、书桌。到后来，蓉蓉为了不让妈妈像侦探一样监督自己，就给自己的书桌、日记都上了锁，并且有了心事也不愿意和妈妈说。

从上面的事例我们可以看出，正是妈妈对女儿的怀疑，让女儿不再信任自己的妈妈。所以，我们要想获得女儿的信任，首先就要信任她们。把信任放在第一位，用信任打开女儿的心门，这是每个父母必须学会的事情。

要想获得女儿的信任，这并不是一件容易的事。那么，父母应该从哪些方面做起呢？

方法一：信任女儿

在很多时候，妈妈都表现出对自己女儿的不信任，我们也常常听到一些女孩的抱怨：

"妈妈根本不信任我，每次她外出留我在家写作业，都要打好几次电话，问我是不是在看电视。"

"每次我去找同学写作业，妈妈都不同意，她认为我是和同学一起去玩儿了。"

"妈妈常常会偷看我的日记，现在我已经把日记上了锁。"

一般来讲，很多妈妈对女儿的不信任，主要源于以下两点：第一，出于对女儿的关爱，怕她们无法独自应付一些事情；第二，怕给她们自由太多，她们无法把握，光顾贪玩儿而影响了学习。其实，这些担心是完全没有必要的。首先，妈妈的不信任会让女儿反感，让她们觉得自己没有得到尊重。其次，这样做无法培养女孩的独立能力，因为一直在妈妈监督下长大的孩子，将来的独立性肯定会差。所以，妈妈应该信任自己的女儿并给予她一定的自由，因为这样做不仅是获得她信任的前提条件，同时也是培养她独立能力的有效途径。当然，信任女儿也不是对女儿不闻不问，我们可以通过很多方法去影响她，而不一定非要采用监督的方式。

方法二：和女儿平等相处

女孩是非常希望和妈妈平等相处的，如果妈妈总是以一种高姿态对待她，那她就很难完全信任妈妈，也不会和妈妈成为无话不谈的朋友。所以，我们要想获得女儿的信任，就必须信任她，并且把她当成自己的朋友一样对待。

父母对孩子的知心话：

孩子，爸爸妈妈知道以前对你的约束太多，因为你是女孩，爸爸妈妈总想无微不至地呵护你，但最后却因为对你过于严苛而失去了你的信任，更失去了我们之间沟通的桥梁。以后爸爸妈妈会改正，给予你足够的信任，也请你能够重新敞开心扉，遇到什么问题，都能和爸爸妈妈说说，我们一起想办法、一起解决。

不要总想窥探孩子的秘密，谁都有自己的隐私

随着女孩的日渐成熟，她们不会再像从前那样积极和父母汇报学习情况；她们时常对着手机里一条短信莫名地傻笑；日记本上上锁，孩子根本就没有给父母看的意思。这个时候的女儿已经开始注意保护自己的隐私，她们视此为神圣不可侵犯的领地，甚至连她们的父母都不能踏入半步。

但是，偏偏有些父母隐忍不住他们猎奇的心理，他们绞尽脑汁窥探着孩子的隐私。父母们想搞清楚，我家姑娘究竟是怎么了，是不是早恋了？于是，将孩子领地一探究竟成了许多父母的“嗜好”。女孩敏感的心也会因父母这样的行为而受到伤害。

几个已经读高中的女生经常聚在一起探讨：“现在，我越来越认为没办法和父母沟通了。父母的良苦用心我明白，但他们也不能以爱之名来窥探我的隐私吧，现在我对他们已经没有什么信任感了，他们这样做的后果，严重影响了彼此的感情。”显而易见，这是当下孩子和父母间的“主流矛盾”。

一个名叫赵红的女孩上小学了，在妈妈眼里她一直都是乖女儿，但一个偶然的机会，妈妈惊讶地发现，赵红竟藏着许多

秘密。

一个周末下午，在家打扫卫生的妈妈像往常一样帮女儿整理房间，无意间发现了赵红遗忘在床上的抽屉钥匙，平时女儿总是把这个钥匙随身带着。妈妈犹豫了几秒钟，终于忍不住好奇，打开了抽屉。妈妈在打开抽屉后被惊了一下——抽屉里全是歌星和影星的海报、CD……妈妈对此十分生气。在她看来，一个十几岁的女孩应该将学习放在首要位置，但女儿的喜好却让她痛心不已。晚上女儿回来后，妈妈不问缘由便训斥了女儿一顿，还动手打了女儿。

事后，赵红给妈妈写了一封信，她说："如果说孩子没有隐私，那绝对是错误的！每个孩子都有属于自己的一片神圣不可侵犯的领地，大人们也应该尊重孩子的隐私，请妈妈还我一片属于自己的天空。"妈妈看了女儿的信后，知道自己做错了，于是进行了自我检讨。

后来，妈妈再也没有侵犯赵红的隐私。妈妈表示，不管是否愿意，孩子真的在慢慢长大，她有自己的私人空间，有自己的情感世界。在孩子成长的过程中早已播下了"个性、自我、平等"的种子。

当父母发现，有的事情女儿不想让他们知道时，就没有必要刻意追问，更不能想方设法地偷偷打听、窥视。父母应该从心里对孩子产生信任感，当孩子感觉到父母的坦荡之后，自然会受到感染，也会坦荡起来，从而以一个真实的自己出现在父母面前。因为她们相信父母会尊重自己，她们就会把自己的想法告诉父母。

每个女孩都是一个完整的人，她们有自己的隐私权。如果父母无意间发现了她们的秘密，千万不要虚张声势抖落孩子的隐私，而应该替她们保密。否则会让孩子觉得自己的自尊心受到了伤害，同时她们会对父母失去信任感。如果发现女儿有不良思想和举动，可以通过说服教育等途径加以引导。及时地找她倾心沟通，才是最行之有效的方法。

现如今的父母对女孩太多的横加干涉，孩子几乎没有什么秘密可言。我们不要成为那样的父母，而要允许孩子拥有她成长的秘密，虽然父母想知道女儿的想法和秘密，但是绝对不能用强硬的方式获取孩子的秘密。

一个小女孩，她喜欢每个学期末都让同学在她的笔记本中留言。因此，里面少不了同学们无伤大雅的玩笑和有创意的幽默搞笑作品等。

爸爸看见书桌上的笔记本，随手拿起来翻看。正好被女孩看见了，她不同意爸爸翻看她的笔记本，当即拿走。妈妈见状更加好奇，趁她不注意，再一次拿起来翻看。女孩有些生气，拼力去夺。那愤然的眼神和动作很是让妈妈过意不去。

“她不愿意给我们看，那就算了。”一旁的爸爸劝说道。

“她的隐私我还不能知道吗？我是她的妈妈，我偏要看看。”妈妈觉得自己没有错。

许多父母总是认为，小孩子的东西，父母看一看又能怎么样呢，跟父母没有必要保密。他们想要一个透明的孩子，他们因为孩子有了自己的秘密而感到惴惴不安。事实上，孩子有秘密是很正常的。

没有秘密、从不走神、没有一丝迷惘和忧伤的青春，那这个小女孩的童年岂不是一杯无味的白开水。所以，在女孩子青春苏醒的时候，请让她们拥有自己的秘密。

父母对孩子的知心话：

爸爸妈妈总是好奇你的隐私，忍不住去看，是因为爸爸妈妈怕你成长的道路走歪。现在，我们意识到了这是一种错误的做法，我们没有给予你足够的尊重。爸爸妈妈向你道歉。爸爸妈妈以后会给予你更多的自由、更多的私人空间，让你能够过自己想要的青葱岁月。但当你迷茫、当你遇到心事时，请你能够与爸爸妈妈敞开心扉地交谈。我们会以朋友之间倾诉的方式与你沟通，在你人生的道路上给你一些宝贵的经验。

第二章

我家有女初成长，了解女孩年幼的心思

6 岁之前，女孩内心在不断地变化

1 ~ 1.5 岁，女孩开始对这个世界进行第一次探索。1 岁以后，女孩的语言能力有了进一步的发展，开始知道自己的名字和身边人的名字，也开始认识自己的身体及各个部位，如鼻子、眼睛、脚等，意识到了身体的感觉，如宝宝肚子痛、打针痛等。她喜欢在家里到处走走，什么都要看一看、摸一摸，通过对周围环境的积极探索，广泛、多方面地接触和认识了事物，同时也锻炼了自己运用工具的技能，为向下一个阶段发展做好了准备。此时，父母只需要收好一切可能出现危险的物品，给孩子营造一个安全的探索环境。如果家长对孩子的这种探索行为加以阻止和训斥，便会令孩子感到自己的探索是在做错事，也会让孩子对自己产生怀疑。这样不但会压制孩子的好奇心，还会在她心里留下自我怀疑的阴影，妨碍她树立自信心，进而失去探索的热情。

1.5 ~ 2 岁，女孩开始萌发自我意识。这时的女孩虽然还依赖父母照顾，但又常常与家长作对，不断提出这样或那样的要求，如果要求达不到就哭闹、发脾气。这些都是幼儿成长过程中的正常表现。她的独立愿望越来越强，却分不清什么该做什么不该做，因此父母要根据具体情况，正确地回应孩子的要求。这一阶段的女孩开始形成自己独特的思维方式，但由于知识的缺乏，她经常会提出一些成人难以回答的问题，如“天上的星星有多少？”“是谁放上去的？”……实际上，孩子提问不仅锻炼了运用语言的能力，还是一种自发学习、自发思考的行为。家长应该认真对待孩子的提问，这样既可教会孩子各种她感兴趣的知识，同时又锻炼了孩子的语言能力和思维能力。

2 ~ 3 岁，孩子进入“第一反抗期”。这个时期的孩子开始表现得特别不听话，逆反心理强烈，事事都要按照自己的意愿去做。但有些家长不能正确理解，认为孩子变坏了、不乖了，而对孩子的行为横加指责，这会对孩子的心理发展产生极为不利的影响。这一时期的孩子强烈要求摆脱大人的庇护，希望按照自己的想法玩耍，不愿再事事听从大人的摆布。这一现象是孩子心理发展的必经之路，家长一定要尊重孩子，尽量为孩子创造更多发挥独立性的机会。当孩子发脾气时，家长可以装作不知道，暂时不去理她，或把孩子的注意力引向其他游戏。这样孩子的反抗心理就能得以缓和，并有助于促进孩子心理的正常发展。如果家长对女孩子管教过严．用过多的“不行”和“镇压”来制止反抗，就会阻碍孩子自我意识的发展。相反，如果为了不让孩子哭闹而一味地取悦、迎合孩子，则会滋长孩子任性、固执等非理性的意志萌芽。

3 ~ 4 岁，孩子强硬的拒绝态度减少，学会了分享和依赖，还有点儿恋母的情结。肢体语言相对可以自主控制，步伐较为稳定，语言表达能力有了很大的进步。但从三岁半开始到 4 岁，孩子多半会变得内向、焦虑，缺乏安全感。甚至会表现在生理上，比如口吃、常摔跤，有时会紧张得发抖。她还不能控制自己的情绪，所以父母要多陪陪孩子，缓解她焦虑的情绪，给足她安全感。教她一些正确控制情绪的方式，多鼓励她与人交流，消除紧张的情绪。

4 ~ 5 岁的女孩喜欢各种新鲜事物，此时她的探索心最强，比如对不认识的人、新游戏、新玩具、新活动和新书都十分好奇。此时的孩子对新鲜事物的接受能力比较强，但她并不具备分辨是非的能力，因此，父母要正确地引导孩子，让孩子树立正确的是非观。到四岁半，孩子就学会了讨价还价，她发现大人虽然握有大权，但并非无所不能，因此她要尝试着用自己的方法去解决问题。父母可以提一些有趣的点子，女孩会积极响应，从而提升她的创新、创造能力。也可以读故事给她听，让她在故事中明事理。

5 ~ 6 岁的女孩变得安静下来，不再喜欢咋咋呼呼，热爱生活，自得其乐，开始懂得遵守既定的规则。因此，父母不妨在此阶段给孩子制订一些规则，让孩子去遵守并形成习惯，例如睡眠时间、阅读时间等。这个阶段的孩子形成了“自我”意识，非常在意自己的隐私权，开始拒绝父母乱进她的房间，乱翻她的东西。她们不会再对陌生的事物有太大的兴趣，也不再为了冒险而冒险。此时的孩子已经懂得了自我控制，基本能衡量自己的能力，把做得到和做不到的事情分得很清楚，也通过尝试去独自完成事情，初步建立了自信。但是，五岁半的女孩因为受了太多外界的影响，可能会有点迟疑不决和懒散，眼和手的配合不如从前，还不会好好写字。此时，父母无须要求女孩练习写字，因为收效不佳。

其实，父母要读懂女孩的心是一件很容易的事。

首先，要了解孩子所处年龄段的基本特点，甚至整个儿童期的发展特点，统揽全局，知识储备在先。不要孩子 6 岁了，还用对待 2 岁孩子的教育方式教育孩子；也不能孩子只有 2 岁，就用对 6 岁孩子的要求来要求她。比如，处于“沙水敏感期”的孩子会非常喜欢玩水、玩沙，如果父母不懂得孩子的这个心理特点，就可能出于卫生习惯或看护方便的考虑制止孩子玩这些东西，让孩子的需求受挫。

其次，要善于观察孩子的行为，不要被表象所迷惑。女孩的表达方式和大人不一样，很多时候她并不愿意用语言去表达或者并不能准确地表达自己的需求，有时她会觉得其他方式可能比语言表达更有效，所以父母会经常误解孩子的行为。比如，有时她想让父母陪她，给她肯定，可能会用各种夸张但不是很值得鼓励的行为来引起父母的注意；当她做错事时，她可能会撒下第一个谎言……如果此时，父母只看到问题的表象，直接去制止她或者斥责她，她就会感到不被理解。

最后，要鼓励孩子多表达自己的感受，这样会更加容易理解她的心思。因此，父母要想让孩子的心思更透明，一定要多鼓励孩子表达自己的感受，尊重孩子的感受。也许孩子的感受跟自己期待的不一样，但是父母不要轻易地压制孩子，而要给孩子表达的自由。

父母对孩子的知心话：

孩子，在你6岁以前，爸爸妈妈一年一年地记录着你内心的变化。看着你内心每一年发生的改变，我们希望能够更多了解你的内心，从而走入你的内心，和你成为真正的朋友，帮助你成长。

3 岁之前，培养女孩的心灵手巧

爱动手是 1 岁多孩子的特征，这个时期的孩子对周围的一切都感到好奇，但她只学会了走、爬、跳、拿、摔、丢等动作，还不会用语言表达，就只好自己动手了。面对周围的新鲜事物，她会先仔细看，确定是什么，然后再伸出手“探索”一下，这是她对周围环境的触觉认知。但她的动作还不够熟练，常常东跌西撞，经常会磕碰到自己，很多父母心疼孩子，生怕她会受伤，便开始控制她的行为，不允许她到处乱摸，其实这不利于孩子的成长。

1 岁的小蓓刚刚学会走路，走得东倒西歪的，她每天最大的乐趣是探索家里的一切。从早上一起床就开始这里摸一下那里翻一下，玩具被她扔了一地。磕碰到了，摔倒了，哭了一下，又继续她的探索。

妈妈看着她腿上的瘀青，虽然很心疼，但并不阻止她，而是在地板上全部铺上软软的地毯，在有桌子角的地方都贴上软软的护角，把危险的东西，如插座全部收起来放在小蓓够不着的地方，给小蓓打造了一个相对安全的环境，让小蓓自由地探索她周围的环境，同时也减少了小蓓磕碰受伤的可能性。

俗话说，“心灵手巧”“十指连心”，这说明了手和大脑有非常密切的关系。而儿童的智慧就在她的手指上。1 岁左右的女孩喜欢动手，在日常生活中，父母要抓住这一时期孩子的特点，注重培养孩子的动手能力，可以像小蓓的妈妈一样，给她打造一个安全的环境，让她自由地去探索。

女孩在两岁半以后，由于生理和心理的成熟发育，会表现出明显的自主性和独立性，什么事都想自己干，喜欢模仿成年人或同龄小伙伴所干的事情，你要是不让她干，她就会以哭闹或其他形式进行反抗。例如，3 岁左右的儿童愿意自己使用勺子或筷子吃饭，不愿意让他人喂饭，如果父母强行喂饭，孩子就会产生反抗情绪——不好好吃饭。

需要父母知道的是，喜欢自己动手是女孩成长进步的标志，女孩发展自主性、独立性、自信心、意志力、想象力、安全感等行为品质的关键时期，这一时期只要她的行为不具伤害性，成年人就不要过分干涉和束缚她的行为。如果成年人压抑了孩子的行为，强迫孩子做个安静的小公主，或采取打骂、恐吓手段对待孩子，那孩子就会丧失自信，并产生自我否定的观念。国内外的医学心理学研究表明，过分抑制孩子的动手能力，会影响孩子的身心发育。例如，不让孩子做一些力所能及的事，孩子长大后的依赖性就会异常严重；过分干涉和限制孩子的独立，孩子长大后的性格就会非常软弱，独立生活能力极差。父母应该抓住孩子这一阶段喜欢动手的特点，培养孩子的动手能力，对其以后的成长意义重大。

1. 手的活动能促进大脑的发育

心理学研究表明，人的心理活动（包括智力活动）是大脑的机能。一个人智力水平的高低、创造能力的强弱取决于其大脑机能是否成熟与发达。从 1 岁开始，女孩就喜欢自己去动手，通过对周围环境的摸索，在大脑中形成对这个环境的认识和记忆，可以促进大脑的开发。当她的双手活动时，手指头上的神经细胞会随时将信息传到大脑，因而加强幼儿手的活动是开发其大脑潜在机能、培养其创造性的重要环节。

2. 手的活动能培养女孩的自信心及坚持到底的意志品质

两岁半以后，女孩就喜欢做她力所能及的事情，如自己吃饭、穿鞋等，且拒绝父母的帮助。手的活动，不仅能让女孩获得表现自己创造力的机会，还可以使她对自己的聪明才智产生足够的信心，养成敢说敢干的精神和坚持到底的顽强意志，这些对女孩今后的发展有着深远的影响。实验证明，孩子的聪明程度与其从小喜欢动手的程度不无关系。

在这一阶段，除了让女孩自己摸索周围的环境，父母还可以根据她的动手能力，提供各种结构材料，让她玩结构游戏。父母可以设计出一些结构材料供女孩游戏，如用硬纸板、卡纸剪出各种几何图形的小块，让女孩做拼图游戏。这样可以满足她好动的心理需求，实现她的某些创造性设想，培养她的动手能力。

父母对孩子的知心话：

孩子，虽然你还小，也许看不到爸爸妈妈给你写的这段话。但这也可以当作一个记录，等你以后能看懂时观看。你虽然很小，但我们已经开始培养你的动手能力，这不仅能使你获得一双巧手，还能促进你大脑的发育成熟。这也是我们在你这么小时特别注重你动手能力的原因。希望这对你有帮助，能使你真正成为心灵手巧的人。

上学之前，通过家务锻炼孩子

蒙台梭利说过："儿童对劳动从不厌倦。劳动使他成长，劳动让他更具活力。儿童从不要求减轻他的劳动量，他喜欢独自完成某件事。因此，甚至可以这样说，不劳动，儿童的活力就会走向衰竭。"没有人是天生懒惰的，孩子身上充满了生命力，他们也会乐于帮助爸爸妈妈完成某一项劳动。在他们看来，劳动并不是劳动，而是另一种游戏。

可是，很多家长不了解这个秘密，只看到让孩子帮忙做家务会越帮越忙，与其要求孩子帮忙做家务，还不如自己动手做得轻巧。如此一来，就好心地拒绝了孩子的帮忙，夺走了孩子成长的途径和孩子的生活乐趣。

其实，五六岁的孩子已经具备了完成简单的家务劳动所要求的协同能力、灵敏度和集中力。哈佛大学一项调查研究表明：爱做家务的孩子，成年之后的就业率会比不爱做家务的高 15 倍，犯罪率是不爱做家务孩子的 1/10。让女孩子从小做家务，养成自己的事情自己做的习惯，对女孩的肢体发育、认知能力发展乃至责任感的培养有非常重要的作用。

一位妈妈向儿童养育专家抱怨说："我的女儿读书以后，写字又慢又难看。家里没少培养她，她怎么就那么笨呢，就连写字都写不好。”

专家问：“你家孩子是不是从来都不做家务？”

妈妈很惊奇地说：“您怎么知道的？在家里，她就是一个小公主，什么事都舍不得让她干，她也做不好，到现在吃饭都还要人喂，更别提做家务了。”

专家建议说：“孩子要做一点家务，自己的事情自己做，能够锻炼很多能力，还有双手的灵活性。如果孩子什么事都没做过，她的臂力和握力都会很差，这不利于她写字。”

妈妈这才恍然大悟，一再感叹没想到心疼孩子反而害了孩子。

很多家长都会如例子中的妈妈一样，不让孩子做家务，以为是对孩子好，尤其是孩子上学之后，父母恨不得孩子将全部精力都投入学习中，就算有时孩子表现出想做家务的意愿，也会被父母一把拦住。但是，孩子从小做不做家务，对孩子的未来成长有特别大的影响。

1. 做家务能够提高女孩的肢体协调能力

有些家长为了锻炼孩子的肢体协调能力，花钱报名带孩子去参加亲子活动。然而，最好的锻炼孩子肢体协调能力的活动是家务劳动。

5 岁的小溪做什么事都慢半拍，妈妈以为她智力方面出现了什么问题，便带她去医院检查，检查结果显示各项指标都很正常，没办法，妈妈只能带着小溪来求助儿童心理专家。

心理专家听了之后，笑着说：“孩子没什么问题，你带她回家，多让她做家务。”

妈妈半信半疑地带着小溪回家，做家务的时候也给小溪安排一些家务活，没想到，半年不到，小溪就好像变了一个人，做什么事情都是又快又好，不再磨磨蹭蹭了。

家务劳动有很多种，孩子的各种肢体能力都能锻炼到。比如，扫地、拖地可以锻炼孩子的肢体动作，择菜、叠衣服可以锻炼孩子的精细动作。通过做家务，孩子的肢体得到充分锻炼，手眼协作能力也会越来越好。

各个年龄的幼儿的动作技巧、认知程度、体力、耐力均不相同，所以父母要求孩子做家务的时候，应视孩子的能力而定，不宜过多或太难，以免孩子因受挫而产生畏难情绪，抗拒做家务。

2. 多做家务可以增强孩子的自信心

如果孩子从小到大从未独自完成过任何事情，也不曾成功过，那用什么来树立自信心呢？对女孩来说，当她们掌握一项技能，做成一件事情时，会带给她们非常强的成就感和自信。如果爸爸妈妈包办了所有的事情，表面上是为了孩子好，实际上是剥夺了让孩子体验成功的权利。

不过，在幼儿时期，孩子第一次接触家务，也许不能做得很好，父母要多容忍、少责备，在指导孩子做家务的时候，要耐住性子，多次示范，口气温和，有步骤地以游戏的方式和心态教导孩子学习做家务。对于孩子不熟悉的家务，可以先陪她一起做几遍，告诉她正确的做法。

3. 做家务可以让孩子更有责任心

如果孩子从小衣来伸手，饭来张口，什么事都不操心，从未接触过家务，那她们长大后就不会懂得细心照顾家人，更别提有责任心了。而从小让孩子学着做家务，为家中尽一份力，便可培养出责任感。

父母对孩子的知心话：

孩子，从小我们就让你多做家务，是希望培养你的自主能力。如今看来，这样做的效果很好。在你做家务时，爸爸妈妈一直给予你赞美和鼓励，这是为了让你知道，你做的每件小事都是被认可的，我们都很欣赏。也许因为年纪小、能力有限，你做得不如我们娴熟，但是没关系，熟能生巧。以后，当你熟练掌握某一种家务时，也可以多想一想有没有更好的办法提升效率或者找出更优的做法。这样的思考，对你以后的人生会起到莫大的帮助。

年幼的女孩，需要的不是压力而是快乐

现在的孩子 3 岁就要入园，6 岁就要面临入学的压力，环境的变化、学习内容的加深、人际关系的转变等给孩子带来了压力。不仅如此，吃饭、睡觉、阅读，还有各种培训班也增加了孩子的压力。

“妈妈，您别再说了行吗？”4 岁的月月正在吃饭，妈妈在旁边不停地催促她吃快点。刚进幼儿园时，月月因为吃饭慢的问题屡次被老师批评，有时老师等得不耐烦了就亲自过去喂她，长此以往，她受到了同学们的嘲笑，为此她曾拒绝去幼儿园。她说不喜欢总说她吃饭慢并给她喂饭的生活老师。后来，只要谁在她面前提起吃饭，月月就会不开心地跑开，并大喊着：“我听不到，我耳朵关门了。”妈妈这才意识到，吃饭这件事给女儿带来了如此大的心理压力。

对于孩子而言，很多生活琐事都对她们有着深刻的影响，会给她们带来诸多压力，如刚入园时面临的分离焦虑、无法和同龄人好好相处、父母之间吵架等，但更多的是容易被父母忽视的日常琐事，如吃饭、睡觉、起床、阅读，甚至参加培训班、打游戏、看动画片等。

亲子教育专家沈佳慧说过："孩子的压力，有一半以上来自父母，但父母往往不觉得。"父母只要试着认真地想一想，您第一次上幼儿园是否也哭着闹着要跟妈妈回家？您是否因为父母把您和他人进行比较而恼火？您上学期间是否有高大的男孩子欺负您？通过反省，父母就会发现，孩子的压力真的不小。

除了生活中的压力，孩子一旦开始上学，就要面临"望女成凤"的压力。说得好听是进行早期教育，挖掘孩子的潜能，因此给孩子报了无数的兴趣班，剥夺了孩子休息和玩耍的时间。

"妈妈，您就让我在家里待几天吧，我保证安安静静的，绝对不会打扰您。"6岁的小何哀求妈妈说。从三岁开始，她不是在培训班，就是在去培训班的路上，她说她基本忘了在家待一整天是什么感觉了。

挖掘孩子的潜能固然很重要，但要循序渐进，不能一蹴而就。成功的教育是让孩子身心都能够健康，一味地让孩子学习太多的技能却没有考虑到他们的承受能力，反而会让孩子们觉得无所适从，每天除了学习鲜少有亲子交流，这不是一种健康的家庭关系。

孩子早期潜能的开发并不是代表着让孩子从幼儿时期就忙忙碌碌地学这学那，孩子若是本身没有兴趣，过早地逼迫孩子们学习过多的技能，只会让孩子产生抵触和厌烦的心理，甚至于可能扼杀了孩子的潜力，对孩子今后的发展有着诸多不利。

真正的早期教育应该从孩子的心理出发，培养孩子良好的个性和习惯，多关注孩子的内心世界，拔苗助长反而不利于孩子的健康成长。父母要多给孩子一些空间和时间，让孩子压力少一点，快乐多一点，说不定更有利于孩子的茁壮成长呢。

爸爸妈妈对乐乐的管教十分严格，由于爸爸妈妈之前的家境不好，他们没有条件受到好的教育，因此他们把所有的希望都寄托到了乐乐的身上。

为了能让乐乐聪明过人，有一个好的未来，于是，乐乐 2 岁开始学汉字，3 岁学背唐诗，4 岁学拼音、学写字，5 岁练舞蹈，6 岁写短文。在父母精细化的教育之下，乐乐的各方面能力都得到了很好的开发，在很多方面都表现得十分优秀。5 岁那年，她参加作文比赛获得一等奖，6 岁参加儿童绘画比赛获得二等奖，7 岁参加演讲比赛获得第一名。

乐乐上了小学之后，爸爸妈妈对她的要求更加严格了，每次不管大考小考都要考第一，不仅要在班级第一，还要在学校第一，不知不觉之中给了乐乐莫大的压力。直到乐乐上了三年级，参加一个大型的比赛，由于无法承受这份压力，在比赛前一晚，乐乐发高烧住进了医院。此时，爸爸妈妈才明白：有多优秀并不是重点，最关键的是孩子健健康康地成长。

其实，父母不能给孩子太大的压力，毕竟她们还没完全长大，不懂得如何去解压，压力太大只会导致她的情绪崩溃。“望子成龙，盼女成凤”，家长费尽心力地安排，无非是想让子女过上比自己更好的生活，但对孩子来说，最好的生活莫过于睡一个好觉、玩得痛快。

父母为什么对孩子过度关爱，恨不得安排好她的一生呢？这与父母所承受的压力有关，他们会不自觉地把生活中所面临的压力转嫁给孩子，把孩子视为自己生命的延续，其实这对孩子来说很不公平，甚至会导致孩子的身心发育不健全。在父母过度关爱下的孩子，心灵的私人空间总处于被侵占、被填充的状态，等她们慢慢地长大，意识到了父母的“自私”，她们会想方设法地寻求解脱。其中，一部分孩子会表现得叛逆，对父母的疼爱全盘否定；还有一部分孩子则会在父母的管束中妥协，变得过分依赖家长，判断和选择的能力日益减弱。

因此，父母应该多引导，少约束，给孩子一个宽松的心灵成长环境，鼓励孩子做力所能及的事，遇到需要孩子独立面对的选择时，应该敢于放手，把决定权交给孩子。孩子会在享受父母给予的自由时，慢慢强化自己的正确行为，纠正自己的错误行为。

父母对孩子的知心话：

孩子，爸爸妈妈没有站在你的角度想问题，没有与你保持适当的心理距离，对你过分干涉，这是我们的不对。中国有句古话说得好：“己所不欲，勿施于人。”我们没有把你当成独立的个体，给你更多的自主权，让你学会自我管理，对此我们深表歉意。我们如今知道了，不能给小小年纪的你施加太多的心理压力，这样才能让你少一点心理压力，多一点快乐。

莫给女孩贴标签，她们并非是温顺的小绵羊

很多父母都会对小女孩有一个误区，觉得小女孩比小男孩更听话、更温顺，是妈妈贴心的小棉袄。但事实并非如此，有的女孩和男孩子一样调皮，甚至表现出比男孩更加勇敢和任性的模样。即使父母强烈禁止，也不能令她们有所改变。其实，父母过度保护的欲望，更容易激发出女孩不服输的心理状态。此外，父母不要拿教育男孩的方式套用到女孩身上，因为女孩和男孩是截然不同的，也不要直接给女孩贴上假小子的标签，否则很容易让女孩产生性别错位心理。

甜甜是一个四岁的女孩，对于甜甜，已经有了一个儿子的爸爸妈妈寄予了很大的期望。他们希望甜甜成为一个真正的淑女，温柔善良、善解人意，与人相处也能和谐融洽。然而，在三岁这段叛逆期时，甜甜的表现让父母大跌眼镜，甜甜的脾气很坏，非常固执，总是很任性，自己认准的事情，即使遭到父母的反对，也绝不妥协。甜甜还很坚强，有一次，她从沙发上掉下来，摔落地上，导致锁骨骨折。在不知道甜甜骨折的情况下，妈妈安抚她，她却坚持自己走到房间里躺下，想要自己一个人安静地承受伤痛，甚至把妈妈赶出房间。直到后来去医院

拍了片子之后，妈妈才得知甜甜骨折了，她不由得惊讶于甜甜顽强的毅力和承受能力。看着和男孩一样顽皮的甜甜，妈妈简直怀疑自己生错了，应该把甜甜生成一个男孩才对呢！

每当家里有客人到来的时候，看着甜甜上蹿下跳，妈妈总是开玩笑一样说："这个丫头真是生错了，应该是个男孩儿，比男孩还顽皮！"

不得不说，妈妈对于甜甜的认知陷入了一个误区，即她认为甜甜既然是女孩，就应该符合女孩的一切行为表现，例如，温柔善良、活泼美丽、落落大方，偶尔撒撒娇，而不应该表现出特别顽劣和任性的一面。实际上，父母面对孩子的时候，常常会在不知不觉中把女孩当成一道熟悉的菜，他们只允许这道菜中出现他们习以为常的调料和配菜，而不希望这道菜中有太多让他们感到新鲜和惊喜的东西。有些父母甚至会把女孩身上表现出来的不符合女性气质的东西强行剔除或改变，殊不知，这对于女孩是一种强制性的伤害。父母如果真正爱自己的女孩，就应该全盘接纳女孩，这样才能够更好地引导女孩成长，才能够给予女孩爱与自由的空间。

除了顽皮和比男孩更勇敢外，很多小女孩的"淘气"程度更是不输男孩。父母们往往认为，女孩大多数应该文静，喜欢看看书、玩玩布娃娃，但不知道有些小女孩一会儿都闲不住，一直跑来跑去。而且当妈妈教训她的时候，她还总是顶嘴、唱反调。

相信大多数父母都喜欢"听话"的孩子，而不是"淘气"的孩子，女孩更是如此。父母常常把"听不听话"作为衡量孩子的标准。表面上看，这是父母要求孩子对自己的态度问题。实际上时间一长，孩子就养成了“顺从”的性格，没有独立的性格。然而，父母根本就没有意识到这样只能助长孩子的依赖性，孩子凡事都听命于家长和老师，一点独立思维，一点独立做事的能力都没有，长大后这样的孩子如何立足于社会？更谈不上对社会有所贡献了。

一次家长会上，老师提了一个问题：“认为自己孩子不听话的，请举手。”

大多数家长举起了手。其中有几位家长好像认为这是多么让人尴尬的事情，他们都低着头。

“为你们有个不听话的孩子感到高兴！”老师大声地说道。

听到这话，那些举手的家长一脸困惑的表情。

“听话就是按父母的话去做。”老师接着说。

在场的家长都点了点头。

老师又问：“如果做人最成功是100分的话，你们给自己评多少分？”

大部分家长认为在70～80分。

老师又问：“想不想让你们的孩子有个更精彩的人生？”

家长们齐刷刷地说道：“那必须想啊！”

老师说：“听家长话的孩子就是在复制别人的人生，谈不上超越。他们这样最多只有70分的表现，还谈不上问鼎冠军。”

听完这话，家长们都低下了头。

道理就是这么简单！

淘气只能说明孩子拥有好动和求知欲望强烈的性格。但在大多数家长看来，这样的孩子让人十分头痛。殊不知，孩子过于听话就会丧失自己的独立思考能力，父母也因此忽略了培养孩子其他潜能的想法。

现实生活中，大多数父母都喜欢“听话”的女孩子，他们认为这样的女孩子将来才会变得文静，才会更惹人喜欢。但实际上听话的孩子独立性差，创新能力要远远低于其他同龄人。

要是以“听不听话”为标准来衡量孩子的话，这是典型的封建教育思想在作祟。而要适应当今社会，缺乏独立和创新意识，是无法在这个社会上立足的。特别是我国在改革开放后，拓宽了人们的视野和思维，所以，就更要求人们具备开拓进取的精神。新的社会制度，人们就要跟着发生改变，改变从前的观念，如果遇事毫无主见，凡事听命于人，这样的人怎么会有番作为呢？因此，家长必须根据社会发展的需要，更新旧的评价标准，不能盲目肯定“听话”的孩子，也不能一味地否定“不听话”的孩子。

没有哪个孩子是不淘气的，女孩子也是如此。只是淘气的程度不同而已罢了。女孩子不听话、淘气的举动正是聪明的表现，因此父母必须要跳出“听话教育”这个束缚思想的误区。大多数父母希望自己的孩子能有些创造性，但当孩子真的表现出一些不同于别的孩子的特质来，父母就又开始担心了。不听话就是这种特质的表现之一。其实“不听话”也是有其存在的道理的。因为这样的好奇心正是创造的种子，应该倍加珍惜、培育和赏识。对于女孩子的淘气行为，家长要有宽容、理解的心。父母要全盘接纳孩子的行为表现，也要意识到女孩不是文静的代名词。还有一些父母会把女孩打扮得非常漂亮，就像一个不折不扣的洋娃娃一样，走到哪里都能吸引他人的目光。实际上，女孩绝不能仅仅成为漂亮的“花瓶”，在竞争激烈的现代社会，女孩也必须有一技之长，也要拥有渊博的知识和过人的技能，才能更好地生存下去。

父母对孩子的知心话：

爸爸妈妈不应该觉得女孩子就一定要是文静的，一定要是乖乖女。爸爸妈妈给你贴了太多女孩子应该是怎样的“标签”。现在我们明白了，你有自己的性格，有自己的爱好，爸爸妈妈不会再束缚你的兴趣和爱好，而是会陪同你一起成长，让你成为一个快乐的孩子。

第三章

克服交际障碍，打开女孩的友谊之路

女孩间的友谊，细腻且更缠绵

通常情况下，男孩更加倾向于暴力竞争，相比男孩，女孩之间的关系则显得更加平和。女孩更喜欢和同伴相互合作，彼此倾诉，所以女孩与女孩之间很容易就能建立友谊。当然，女孩之间的友谊和男孩之间的友谊也呈现出截然不同的特点，如果说男孩之间的友谊是简单干脆的，那么女孩之间的友谊则是细腻缠绵的。有的时候，女孩非常细腻敏感，朋友对待她们的态度有任何细微的变化，她们都会敏感地觉察到，也会因此而引起情绪的波动。所以说，女孩的友谊具有女性的特点。女孩在彼此相处的过程中，一定要更加注意这样的心理和感情特点，才能够有的放矢地经营好感情。

对于女孩来说，维护好一段友谊是不容易的，这是因为她们对自身的心理和情感状态不是很理解，对于朋友也无法做到非常体谅和宽容。要想经营好一段感情，获得真挚的友谊，女孩首先要学会向朋友付出。遗憾的是，现代社会中大多数女孩都是独生女，她们不但得到了父母无微不至的关爱，也得到了长辈全心全意的关照，所以往往十分任性，也总是以自我为中心。在与朋友相处的过程中，如果女孩依然以自我为中心考虑问题，而完全忽略对方的情绪和感受，这段友谊就会受到很大的伤害。其次，女孩还要学会宽容。毕竟，每个人都会犯错误，只有踩着错误的阶梯不断前进，人生才能变得更加完美。因此，女孩一定要宽容朋友，不要因为朋友无意犯下错误就对朋友敬而远之，或者对朋友肆意指责。所谓金无足赤，人无完人，每个人在成长的过程中都会犯各种各样的错误，女孩自身也是不完美的，既然如此，又何必苛求朋友一定要完美呢？

当然，一个人如果把自己关在家里，是不可能获得朋友的。女孩一定要走出家门，积极主动地结交更多的人，如此才能让自己拥有更多的朋友。在和朋友相处的时候，还要注重沟通的方式与技巧。很多女孩说话尖酸刻薄，不知不觉之间就得罪了朋友，乃至失去了朋友。唯有怀着一颗宽容的心，真诚地与朋友交往，才能够得到朋友同样的馈赠。总而言之，正如周华健的一首歌里所唱的，朋友一生一起走。在这个世界上，每个人都需要朋友的陪伴，有了朋友，人生才会不孤独寂寞，女孩也是如此。如果想要得到友谊，女孩就一定要友好地对待朋友，也要在与朋友相处的过程中更加用心地为朋友着想。记住，只有努力用心地付出，女孩才能够收获真正的友谊。

最近这段时间，莉莉感到非常苦恼，因为她唯一的好朋友欢欢对她总是不理不睬。莉莉不知道自己哪里做错了，又不好意思问欢欢，就这样，莉莉与欢欢的关系越来越疏远。

看到莉莉苦恼的样子，妈妈忍不住问莉莉："你怎么了？"莉莉向妈妈倾诉了自己的烦恼，并且在妈妈面前表示对欢欢的质疑："欢欢一定是不想和我当朋友了，才会故意疏远我。既然如此，我也不想和她当朋友了。我可不想腆着脸去问她到底是什么原因。”听到莉莉的话，妈妈语重心长地对莉莉说：“莉莉，得到一个朋友并不容易，你们不但脾气相投，还志趣相合。因此，在相处的过程中，更要彼此宽容和体谅。我想欢欢之所以无缘无故地表现出对你的疏远，一定有她的原因。你最好在这个关键的时刻表现出对欢欢的关心，温暖欢欢的心，这样你和欢欢之间的友谊才不会破裂。”在妈妈的建议下，莉莉决定主动出击。在和欢欢一番深入的交流之后，莉莉得知欢欢的父母正在离婚，这才明白欢欢为何总是郁郁寡欢。此后的日子里，莉莉始终陪伴在欢欢的身边，也总是想方设法地逗欢欢开心。虽然欢欢的父母还是无法挽回地离婚了，但是欢欢对莉莉说：“我很庆幸有你这个朋友，谢谢你始终陪着我。”

女孩的心思很细腻，对于友谊的变化非常敏感，所以很容易在对方表现出疏远之后马上开始抱怨和质疑对方。实际上，每个人都会有自己的烦恼，我们不是他人肚子里的蛔虫，当然不可能知道他人到底在想什么。出于对朋友的关心，我们应该主动询问，了解朋友真正的情况，这样才能够打开朋友的心扉。

女孩的情绪特点就是非常敏感细腻，因而可以及时觉察到异常。在感觉友谊有变化之后，不要一味地抱怨和指责他人，而是应该发挥女孩温柔细腻的优势，更加深入地了解变化背后的深层次原因，从而做到关心他人，给予他人帮助。

正如莉莉妈妈所说的，得到一个朋友绝对不是简单容易的事情，每个人都要珍惜朋友，在友谊岌岌可危的时候想方设法地维护友谊，让友谊之树常青，这样双方才能成为一辈子的好朋友。

父母对孩子的知心话：

爸爸妈妈希望你拥有更多的朋友，因为，在漫长的人生之中，真正能够陪伴在你身边左右不离的，就是那些好朋友。要记住，在和朋友相处的过程中，不要总是任性，也不要总是肆意妄为。不管做什么事情，还是做什么决定，都要尊重朋友，并且要了解朋友真实的想法，让沟通更加顺畅。唯有如此，你和朋友才能消除误会，才能够在人生的道路上彼此扶持和帮助。

莫让孩子成为宅女，关注她的“社交恐惧”

近些年来，原本默默无闻的“宅”成为新晋的网络语言，很多人都喜欢用“宅”来形容自己，说自己是宅男宅女。那么，宅到底是什么意思呢？从本质上来说，宅就是房子的意思，而宅男宅女就是把自己封闭在家里的男生和女生。现代社会，随着生活节奏越来越快，工作压力越来越大，职场上的竞争也日益激烈，在辛苦地学习与工作之后，人们往往觉得精疲力竭，不愿意再走出家门和朋友一起玩乐，更不愿意费尽脑筋想自己应该说什么、怎么表现。他们更愿意独自留在家里，尽情地按照本心去生活，而完全不用在乎别人说什么、想什么。

仅从表面看起来，宅是一个非常理想的状态。当一个人变成宅男或宅女时，他（她）就可以任性地做自己，而无须在外部的世界注重他人的眼光。实际上，宅并不是一种好的状态，因为，长期留在家里，缺乏与他人的交流，人们就会渐渐地恐惧正常的社交行为和与人沟通，也会因此而患上严重的社交恐惧症。不得不说，这对于女孩发展人际关系、拥有好人缘是绝对不利的。

自从进入小学高年级之后，妈妈发现丽丽从一个乐观开朗的女孩变成了一个非常内向文静的女孩。以前，丽丽每到休息的时候就喜欢去小区里找好朋友玩耍，但是现在丽丽只想一个人安静地待在家里。她会选择看书、看电视，在完成作业之后，也会抽出一些时间去玩游戏。看着丽丽怡然自得的样子，妈妈也乐得自在，她暗暗想道：你不愿意出门，还省得我担心了呢，这样我多么轻松啊！

然而，过了一段时间之后，妈妈发现丽丽在与人交流的时候总是陷入困境，例如，她不知道如何更好地表达自己的所思所想，也常常因为讲话不得体而导致别人很不高兴。妈妈意识到丽丽的这种状态很不妙，这才着急起来。在咨询心理专家之后，听到心理专家称呼丽丽为宅女，妈妈不由得感到很郁闷。此后的时间里，妈妈总是想方设法地吸引丽丽走出家门，哪怕丽丽为此而惹出麻烦，她也绝不抱怨。但是，丽丽显然不喜欢与人交往，她更喜欢沉浸在自己的世界里怡然自得。

现代社会，有很多宅男宅女，他们不愿意走出家门与人交往，因为他们认为和人打交道是一件非常辛苦的事情，所以更愿意留在自己的个人世界里感受轻松和愉悦，而不愿意为了取悦他人而绞尽脑汁、煞费苦心，更不愿意为了人际关系的问题而扰乱心绪。随着宅的时间越来越长，他们还会渐渐地患上社交恐惧症，从不愿意与人交往到害怕与人交往，至此，他们的内心状态有了本质的改变。

人是群居动物，每个人都需要在人群之中生活，才能够实现自身的价值，才能建立良好的人际关系，与他人进行信息的沟通和互换。即使是女孩，也需要与同龄人相处，这样才能够发展人际相处能力，才能够为成长之后的社交生活铺垫基础。在发现女孩有社交恐惧症的表现之后，父母一定要引起足够的重视。如果父母非常敏感，那么，在女孩表现出宅的特点时，父母就应该有意识地引导女孩走出家门，让她结识更多的人，收获更多的友谊。

父母对孩子的知心话：

你不可能永远生活在一个人的世界里，现代社会提倡分工和合作，所以你一定要学会与人相处。记住，你要想在这个世界上更好地生存，就需要具备很多方面的能力，而且要学会与不同的人打交道。也许你会遇到好相处的人，但是你更有可能会遇到不好相处的人，你必须自己想办法与不好相处的人搞好关系、融洽相处，这样才能够彼此互惠互利、一起成长。

交际，首先要学会的是付出

由于独生子女政策的推行，如今很多家庭里不但孩子是独生子女，包括父母在内也是独生子女，这就形成了独特的“4—2—1”家庭结构，也就意味着有四个老人看着两个年轻人，然后他们六个人一起照顾着唯一的孩子。在这种情况下，可想而知，长辈和父母会把所有的爱和关注都投放到孩子身上，会无限度地满足孩子的一切要求，而忽略了对孩子的教育和引导。由此一来，孩子不可避免地成为家里的太阳，成为整个家庭生活的中心。日久天长，孩子将误以为自己是宇宙的中心，变得更加任性骄纵。所以，父母一定要调整好心态，长辈和父母固然要给孩子最好的一切，但也要及时引导孩子，让孩子学会感恩，也学会为他人着想。唯有如此，孩子才能与父母、长辈建立良好的关系，并懂得如何回报。

父母要知道，如果父母总是把最好的都给孩子，让孩子不劳而获就能得到所有，那么，这并不是一件好事情，反而会导致孩子形成以自我为中心的错误想法。尤其是在孩子走出家庭、走上社会之后，在社会交往中，没有人会像父母一样对孩子言听计从，满足孩子的所有需求，更没有人会像父母一样宽容孩子，对孩子一切自私的表现都表示理解。既然如此，父母就要防患于未然，在孩子小时候就引导孩子学会分享，引导孩子主动向他人付出，这对于孩子将来建立和维护良好的人际关系是非常有必要的。

豆豆刚刚三岁半，暑假过后，她开始读幼儿园小班。这是豆豆第一次离开家，进入一个集体环境之中。和其他孩子一样，豆豆在初入幼儿园的一周时间里，几乎每天都会哭得撕心裂肺。看着妈妈离开，孩子们都误以为自己被妈妈抛弃了。直到一周之后，小朋友们渐渐习惯了去幼儿园，也知道妈妈会在放学的时候来到幼儿园接他们回家，痛苦的幼儿园生活才渐渐变成了快乐的幼儿园生活。他们一改当初哭哭啼啼的样子，反而高高兴兴地去幼儿园。

有一天，老师布置了一个任务，要求小朋友们次日带上最喜欢的玩具去幼儿园，和其他小朋友交换着玩耍。孩子们回到家后，都以稚嫩的声音告诉妈妈，自己要带玩具，老师也在班级群里发出通知，要求每个孩子都带一个玩具。可想而知，每个家庭里都有很多玩具，所以爸爸妈妈便让孩子挑选出最喜欢的玩具带去学校。次日上学的时候，教室里异常热闹，有的小朋友带来了电动小汽车，有的小朋友带来了喜欢的海马玩具，还有的小朋友带来了毛绒玩具，也有的小朋友带来了小飞机。总而言之，各种各样的玩具在教室里琳琅满目，让人目不暇接。

上第一节课的时候，老师就让小朋友们拿出自己的玩具，还让每个小朋友用一句话来介绍自己的玩具。进行完这个程序之后，老师对小朋友们说："接下来，请小朋友们和身边的小朋友交换玩具，这样每个人都可以玩到更多的玩具。”不料，老师这句话说完之后，大多数小朋友都把玩具紧紧地抱在怀里，死死地不愿撒手。少部分无动于衷的孩子则是因为没有听明白老师的话，当老师演示给他们看，要求他们与其他小朋友交换玩具的时候，他们都哇哇大哭起来。看到这样的情形，老师感到哭笑不得。

幼儿园里为何会出现这样的情况呢？就是因为孩子们从小就在独占美食和玩具的环境中成长，他们的心中只有自己，所以他们只想满足自己的需求，而丝毫不在乎别人的感受。在这样的情况下，他们必然变得任性和自私，并在进入幼儿园的集体生活时表现出很大的不适应性。从孩子的行为表现背后，我们可以发现父母在养育孩子的过程中都犯了一个同样的错误，那就是总是无限度地满足孩子，而丝毫没有引导孩子去付出。

非但很多孩子不懂得感恩，就连很多成人也不懂得感恩，他们对于生活总是满怀抱怨，对于自己父母的付出也总是感到很不满足，索求无度。实际上，这样的抱怨只会使得他们生活的状态更加糟糕，而无法让他们在生活中领会到生命的真善美。其实，很多事情都取决于心态，正如人们常说的，心若改变，世界也随之改变。这告诉我们，每个人都要主动地改变自己、改变对待这个世界的态度，如此才能得到命运积极的回馈。

有些父母认为让孩子学会付出为时尚早，因为孩子还很小，却不知道所有优秀的品质都是从小渐渐养成的，每个良好的行为习惯背后都需要漫长的时间去巩固。所以父母一定不要对孩子的教育掉以轻心，孩子学习成绩不好可以通过补习班等方式提高，但是，如果孩子在品质上非常恶劣，想要扭转孩子的品质，则很困难。从心理学的角度来讲，孩子三到六岁期间处于性格的“潮湿的水泥期”。所谓潮湿的水泥期，就是孩子在三到六岁之间会形成人生百分之九十的性格。因此，在这个阶段里，父母对孩子进行性格的塑造是至关重要的，如果父母忽略了孩子的性格养成，那么，等到孩子长大之后，父母再想纠正孩子的性格就会很难。

年幼的孩子不愿意分享，也许会使人感到好笑，但是，当不断地成长之后，如果孩子仍只知道索取，从来不知道付出，没有感恩之心，则会招人厌烦。因此，女孩一定要努力培养感恩之心，要相信这个世界上并不缺少美，也不缺少爱与温暖，如果女孩感受到的总是丑陋与冷漠，是因为女孩的心总是向着自己，而忽略了别人。

父母对孩子的知心话：

这个世界上值得感恩的事情很多，尤其是对于父母，更要怀着感恩之心。作为女孩，你最需要感恩和回报的对象就是父母，现在你还小，不能做出更多的事情，但是只要力所能及地回报父母，对于你来说就是巨大的进步。

友谊开始于团结，培养孩子的合作精神

现今的家庭独生子女偏多，家长会千方百计地培养孩子各方面的能力。可是，很多父母却忽略了对孩子团队合作能力的培养，结果，孩子只学会了表现自己，只想让自己显得与众不同，却越来越不擅长与人合作。

一位在某中学当班主任的老师曾经抱怨说："我们班的女生天天爆发'宿舍大战'，现在的小女孩根本不懂得如何协同处理一件事，更不懂得如何与人合作。"确实如此，现在很多女孩都欠缺合作能力。

一位教育专家说过："从小培养孩子平和地与人相处和体贴别人的情操，是妈妈送给孩子这一生的瑰宝。"这句话说得非常有道理，那些合作能力强的人，会有一个好人缘，也会交到很多好朋友，进入社会后更容易受到上司的肯定和器重。而那些合作能力差的人会受到大家的冷落和排斥，个人的发展前途也会受到限制。所以，一个女孩是否具有与他人和谐相处的能力，直接关系到她的人际关系，甚至关系到她的未来。作为妈妈，一定要培养女儿的合作能力，让女儿成为一个懂得如何与人相处的人。

方法一：在生活中培养孩子的团队意识

在家庭生活中也可以通过立规矩来培养女儿的团队合作意识，就像以下这个小故事。

家里大扫除，妈妈安排好了任务：爸爸清洁厨房与卫生间，妈妈整理大卧室与客厅，9岁的女儿打理自己的卧室。妈妈说：“以后这就是咱们家大扫除的规矩。让我们发挥团队合作精神，一起把家收拾干净吧！”

女儿很好奇：“搞卫生还需要团队精神？”妈妈笑笑说：“当然。我们全家三口人，每人都掌管着一片卫生区域，无论谁做不好，都不能算是一次成功的大扫除。你说，这是不是团队合作啊？还有，各司其职就是我们要遵守的最好的规矩。”

女儿恍然大悟：“还真是，看来我也得好好收拾收拾我的屋子了。”

团队合作在生活中有很多体现，所以平时我们可以对女儿多加锻炼。除了事例中这种全家集体大扫除之外，还可以全家集体到超市购物，列一个清单，然后每人负责拿几样东西，直到买齐所有物品为止。或者和女儿一起玩多米诺骨牌之类的游戏，虽然是玩耍，但这也需要团队合作，否则游戏也无法顺利进行下去。在某种意义上，这也是一种规矩。

这时我们只需要让孩子明白，团队合作就是要每个人都发挥作用，而还要大家互相之间有所联系，还不能随意破坏这种规矩。这样，要做的事情才能最终成功，在团队合作的过程中也能培养她的集体荣誉感。

方法二：让女儿学会与他人分享

妈妈要想让女儿懂得如何与他人合作，就要让女儿学会体谅他，并学会与他人分享。

一个妈妈曾经这样谈到自己的育女经验：

我女儿在幼儿园里有很多朋友，大家都非常喜欢她，因为她是一个懂得与人分享、不自私的人。有了好吃的，她会带给其他的小朋友尝一尝；有了好玩儿的玩具，她也愿意和朋友们一起玩儿。正因为女儿懂得与人分享，她的朋友非常多，人缘也非常好。

其实，这和我从小对她的培养很有关系。在女儿很小的时候，我就让她学着给爷爷奶奶夹菜，把好吃的东西拿出来大家一起吃。有时候，给她买了玩具，我也鼓励她和别的小朋友一起玩儿。坐公交车的时候，我教育她把座位让给老爷爷老奶奶。正是生活中的这些小事，让女儿成了一个懂得分享、体贴他人、关心他人的小姑娘，同时也让她受到了大家的欢迎。

可见，要想教会女儿如何与人合作，先要教会女儿懂得与他人分享。在只有一个孩子的家庭里，出于对孩子的爱，妈妈把好吃的全留给了孩子，即使有时候孩子想让妈妈分享，妈妈在感动之余，却说："你自己吃吧，妈妈不喜欢吃。"这样的做法强化了孩子的独享意识，慢慢地，她会成为一个不懂得分享的人。

所以，妈妈一定要对女儿进行正确的引导，让她从小学会与他人分享。这样，才能让女儿迈出与人友好相处的第一步，进而成为一个受大家欢迎的人。

方法三：让女儿多参加一些团体活动

集体活动往往最能培养孩子的团队意识，因此，当女儿的学校、班级，或者同学之间组织了什么有意义的活动，父母要予以支持，并允许她去参加，还要告诉她多注意与他人的协作，不要只想着靠自己一个人的力量完成某件事。可以这样提醒她："活动之前老师或者组织者可能会安排任务，你要专心做好自己该做的事情，如果分组做的话，你就要多和同组的同学交流一下，看看你们怎么做才能配合默契，才能在不起冲突的前提下顺利完成任务。"

方法四：提醒女儿多和团队中的人进行沟通

每个人都有自己的意见，互相之间也会出现意见不合的情况，所以团队中出现不和谐的声音也是在所难免的。关键就要看如何避免或去除这些不和谐"音符"，这也是保证团队合作顺利的重要因素之一。

所以，我们要鼓励女儿多沟通。而且，平时当我们的意见与女儿的意见不同时，我们就要说出自己的意见，并引导女儿说出她的想法，然后两相对比，看看怎样做才是正确的。

不过，我们要提醒女儿的是，如果她的意见是正确的，那么她千万不能骄傲，也不能因此就瞧不起人，而是要认真、耐心地将意见表达出来，并使他人信服；如果她的意见是错误的，她也没必要感到沮丧，只要改正错误的认知，并认真做好自己该做的就可以了。

父母对孩子的知心话：

孩子，你要明白，如果一个人缺少团队合作意识，那么仅凭单打独斗，是不可能有太大发展的。正所谓“人心齐，泰山移”，现今社会更多的工作是靠团队协作来完成的，如果你没有合作能力，不但很难发挥出自己的特长，也无法享受团队成功所带来的成就感。所以，你不能只想着让自己“出人头地”，应该尽早学会与他人合作，增强团队意识。这样，你才能更好地融入一个集体，并在其中发挥自己的光和热，而只有在集体中展现出自己的价值，你才能体会到合作的乐趣。

懂得如何拒绝的孩子，交际中才不会委屈自己

一个不会拒绝他人的女孩很容易被别人左右，一个没有主见的女孩有时甚至会给自己带来危险。所以，学会拒绝对女孩来说也是一种快乐，因为这样可以让她不勉强自己去做根本不想做的事情，以获得心灵的自由。

但是，渴望友谊和天性善良的女孩，常常认为拒绝别人会伤害到对方，所以很多时候她们宁愿委屈自己去接受别人的要求，哪怕有些要求是不合理的，甚至是过分的。可想而知，最后受到伤害的一定是不懂拒绝的女孩自己。所以，父母要教育女儿学会说“不”，这样，她在别人提出不利于自己的要求时才懂得拒绝，才能更好地维护自己的正当权益。

安安正在小区里荡秋千的时候，邻居家的男孩小石头跑了过来，也要荡秋千。安安才刚玩，还没有荡够呢，但她看着强势的小石头，心里又有些胆怯，便从秋千上下来了。

“你赶紧玩，玩完了我还要接着玩呢。”安安恋恋不舍地站到了秋千旁边，看着小石头玩。

小石头才不管她要不要玩，他在秋千上一直荡来荡去，直到到了吃晚饭的时候才从秋千上跳下来。

可这时候，安安妈妈也来叫安安回家吃饭了。等了这么久，竟然没有玩到，她觉得委屈极了，一边往家走，一边“嘤嘤”哭了起来。

“怎么了？”安安妈担心地问，还以为是她玩的时候受伤了。

安安抹一把泪，小声把刚才的事情说给了妈妈听。妈妈听后，叹了口气，说道：“你就不会拒绝他吗？你先玩的，如果真不想让出来，就应该好好拒绝他啊。”

“可是，我不知道该怎么说。”安安低着头回答道。

“直接和他说就行。”妈妈为女儿打抱不平。

安安记下了。没过两天，果然又遇到了相同的事情，小石头扯着秋千绳子不让她玩。

“你下来，我要玩。”小石头理直气壮地说道。

安安这次没有乖乖下来，直着身子说道：“不要！我还没玩够呢，凭什么让给你？”

小石头一听，生气了，用力把她从秋千架上拽了下来，两个人扭打起来。

知道此事后，觉得女儿不懂如何拒绝别人，于是，妈妈决定用心教孩子学会拒绝他人的艺术。自那以后，妈妈经常会咨询许多教育专家、心理学家或社交礼仪老师，以寻求教孩子拒绝他人的好方法。

在妈妈的耐心培养和积极引导下，安安渐渐学会了许多与人交往的技巧，也学会了如何在不损害各自利益的基础上拒绝他人。

后来有一次，小石头想要和安安一起玩玩具，但安安马上就要出门了，于是对小石头说：“现在妈妈要带我出去，我们先去办事，回来我立马去找你玩好吗？”

安安说这话时，语气温和，面带笑容。小石头自然也不会生气，而是很自然地答应了下来。

大多数情况下，父母都会教育女儿：要学会跟别人分享，为人处世要慷慨大方，这样才能获得他人的喜爱和信任。一般来讲，父母的这种教育方式并没有错，因为懂得分享是每个人都应具备的优秀品质，并能让女儿交到更多的朋友。

但有些时候，面对别人提出的不合理的要求，或者自己无法轻易做到的事情，女儿也要学会拒绝，以免给自己和对方带来困扰。大胆地拒绝别人，是相当重要却又不太容易的事情。父母教育孩子懂得分享的同时，还要让孩子学会如何去拒绝一些不合理的要求，这里有几个小技巧供大家参考。

方法一：教女儿不能因感情用事拒绝别人

父母要教女儿学会拒绝，首先要让女儿明白，拒绝并不等于自私。拒绝别人是对人和事物做出理智判断后才能采取的行为，而感情用事是对别人和自己都不负责任的一种态度。

方法二：让女儿学会语气平和地拒绝别人

告诉女儿，在拒绝别人的时候要和对方“磨嘴皮子”，所谓的“磨嘴皮子”，是指当孩子想拒绝别人的请求时，不要用生硬的语气直接拒绝，可以尝试用商量的语气和对方交流，这样可以巧妙地拒绝别人，以防发生冲突。

上述案例中，妈妈在教女儿安安拒绝他人的方法时，就时常告诉她遇到问题要和别人心平气和地商量，要让对方感受到诚意。后来，女儿要出门时遇到来找她玩的小伙伴，她对小伙伴“动之以情”，用商量的口吻与其对话，如“回来我立马去找你玩好吗？”

方法三：教女儿拒绝别人时要说出理由

对别人的某些要求，如果女儿觉得过分了或自己不能做到时，父母应该鼓励女儿向对方说明自己拒绝的理由。比如，自己身体不舒服、没时间等，让对方了解到自己的苦衷。

方法四：告诉女儿必要时应该推迟别人的请求

如果女儿不想答应别人的请求，又不好意思拒绝的时候，父母可以教女儿用往后拖延的办法推迟别人的要求，例如“我考虑好了再回答你”“我现在没有时间”等。这是一种委婉拒绝别人的方法，避免了双方的尴尬。

方法五：让孩子欣然接受他人的拒绝

在和别人交往的过程中，孩子会面对别人的不合理请求，也同样会对别人有不合理的请求。作为父母，不仅要教女儿学会拒绝别人，还要教女儿接受他人的拒绝，让女儿学会换位思考，理解别人的苦衷。

父母对孩子的知心话：

孩子，拒绝，是我们在这个社会中必备的一项技能，如果你没有学会这项技能，什么事情都不懂得拒绝，你不仅生活会被他人绑架，没有自己的时间，而且逐渐地会失去自我，成为他人的“傀儡”。你若懂得了如何拒绝，就能摆脱他人的束缚，重获属于自己的天空。

在家是小霸王，在外却是小老鼠

由于我们对于女儿会更多一份呵护，所以经常会造成女孩出现这样一种性格——在家里是霸王，但一出门就怂了。尤其是在刚开始懂事的时候。在外面很内向、腼腆，见了生人就脸红，而回到家，那简直就是家里的霸王，谁都没有她厉害。父母们面对这样的女孩，有时也很苦恼，还总是教训孩子，你家里这么横，怎么出去就那么㞞了？

乐乐是一个在外有些内向、腼腆的女孩子。上课时，每次老师叫她回答问题时，她的声音都很小，不敢大声表达自己的见解，好像很害怕说错后被老师批评或被同学嘲笑。而课余时间，乐乐也常常一个人自娱自乐，她不是不想和同学们一起玩，而是不敢跟别人聊天、玩耍。

可是，与此恰恰相反的是，在家里的乐乐却完全是另外一个面目。她不仅脾气暴躁，大声说话，遇到一丁点不如意的事还会大喊大叫，跟爸妈顶嘴的功夫可谓一流。

有一次，乐乐想要一家商场里卖的新款裙子，因为同学们很多都穿那个品牌的裙子。本来妈妈不答应给她买，但她一回家就横了起来，怎么哄也哄不住。没办法，妈妈只好答应下来。

第二天下班的路上，没有事先通知，自己去商场把裙子买了回来。

本来是想给女儿一个惊喜的。但没想到，她竟然买错了款式。这下，乐乐更不乐意了，躺在沙发上来回打滚。

“哎呀，对不起，可能是妈妈记错了。但是我现在要做饭，要不你自己拿出去换一下，商场还没关门呢。”妈妈心平气和地说。

“我不要。我出门就不敢说话，才不要拿去换呢。”乐乐还是知道自己的问题的，所以她不停地哭闹，要妈妈去给她换。

就像上述案例中所讲的情况一样，很多家长都十分头疼女儿“窝里横”的现象，明明在家霸道得像只小老虎，到了外面就成了胆小的老鼠。其实，造成女孩“窝里横”的性格，很大程度上是因为家长过分溺爱的原因。由于她们在家中受到家长过多的宠爱和纵容，加之与社会接触较少，离开父母的保护之后，不免对公共场合、集体活动产生恐惧。

作为父母，如果发现女儿有“窝里横”的现象，可以采取以下方法纠正她们的行为：

方法一：不要一味地顺从女儿的要求

教育专家研究发现，给孩子越多的时候，孩子的索取也会越多。长期顺从孩子的要求，除了让孩子增强对父母的依赖性之外，还养成了孩子颐指气使的不良习惯。当孩子把这种态度带到社会中时，往往会受到别人的拒绝。这个时候，孩子就会产生挫败感，变得沉默、不合群。所以，家长应该及时地调整教育方法，不要对孩子过于纵容。

上述案例中的乐乐不是不会换裙子，而是不敢独自去做这件事，这是由于过于依赖家长造成的。当女孩到了一定的年龄之后，父母可以让孩子去尝试独自完成一件事，从简单的“自己洗袜子”开始，逐渐加大难度，渐渐培养女孩勇于挑战新事物的性格。到了社会上，自然就不会不知所措了。

方法二：改掉孩子的自卑心理

孩子“窝里横”的表现不仅仅是由于对外界的恐惧，很多时候跟自卑也有关系。作为父母，要给女孩足够的尊重。当孩子犯了错误的时候，最好在没有外人的场合批评孩子。如果父母在女儿的同学面前或公共场合大声责骂她，会让女儿觉得没面子，自尊心受挫，容易引发她的自卑心理，从而产生她不敢去跟朋友交流玩耍等问题。

方法三：让女儿多参与交际活动

在平时，父母应多让女儿跟外界接触。比如，经常带女儿去公共场合，或是让女儿跟邻居亲戚家的孩子一起玩耍。在这样的实际社交活动中，她为了获得他人的肯定和认可，会发现并改正自己的一些不恰当行为，接触的事物多了，也会让女儿慢慢变得勇敢、大胆。

方法四：让女儿容得下不同意见

随着年龄慢慢的增长，女孩会慢慢步入第一青春期，大多数女孩开始出现叛逆的征兆。在这个年龄段，女孩就会有自己的想法，也渴望自己决定自己的事情。父母想让女儿接受别人的不同意见，就要适当弱化她的自我意识。父母弱化了她的自我意识，才能让女儿接受他人的不同意见，逐渐提高交际能力。

弱化女孩的自我意识有以下几个方法：一，多让女儿参与集体活动，在合作中学会接受他人的意见；二，父母不要不分对错就肯定女儿的想法，给她一种“我都是对的”的错觉。

父母对孩子的知心话：

孩子，爸爸妈妈从小过于关爱你，一切都以你为主，造成了你家里霸道外面胆小的性格，爸爸妈妈深刻意识到了这种教育方式的错误。希望你也能看到自己这方面的问题，能与爸爸妈妈一起努力，改掉自己这样的性格，能做到无论在家里还是在外面，都可以既尊重别人，又能做到不卑不亢。因为只有这样的交际方式，才能让你获得真正的友谊和尊重。

第四章

释放孩子天性，让她在快乐中成长

爱玩是天性，让孩子在玩耍中学到知识

无论是谁都有过童年经历，童年是一个美好的回忆，那时的自己无忧无虑。童年很简单，每天不用想很多事，欢声笑语充满了整个童年。

并非男孩天生爱玩，女孩贪玩起来，比男孩都厉害。我们可以将爱玩的孩子理解为是天性使然，抑或是没有受到合理的家庭教育。如果家长还是认为现阶段是孩子学习的阶段，强迫她一味地死学，不给她一点儿玩的时间，这就是教育方法不当所致。

现如今，五花八门的兴趣培训班如雨后春笋一般出现，一些父母都替女孩选择哪个培训班而感到头疼。大多数父母为了让孩子在起跑线上就处于领先位置，将来能出类拔萃，在给女孩制定学习内容时常常盲目跟风，舞蹈、外语、书法、绘画、钢琴……投入了大量的财力不说，也牺牲掉女孩很多玩耍的时间，却没有让她们真正学有所长，反而把女孩原本的兴趣“磨灭”了。

对于一个人来说，兴趣是非常重要的，孩子因为兴趣可以将一件事坚持到底，甚至是持久发挥。孩子对于自己感兴趣的

事，势必会倾尽全力。而当孩子的兴趣被父母“磨灭”掉，做一些他不喜欢做的事情，孩子必然会带有不满和逆反，难以有所成就。

王华从小就对小动物非常感兴趣，她经常沉迷于研究小动物的生活习性的乐趣中。上学后，她更是常常弄得满身是泥，原因就是她总趴在地上观察小动物。父母对此非常生气，觉得王华不务正业，于是对王华管得很严，尽量不让王华出去玩。父母希望她上美术、书法等兴趣班。

最初，父母不在家的时候，王华就溜出去到附近的公园继续着她的“爱好”。有一次，父母看到她带回家一只蜘蛛，为此他们感到非常生气，呵斥王华带了一个不干净的东西回家。爸爸把那只蜘蛛踩死了，妈妈也摔烂了她积累多年的装有各种动物标本的“百宝箱”。那一刻，王华彻底绝望了，她跑回自己的房间默默流着眼泪。

从那以后，王华的学习成绩一落千丈，她不再活泼开朗，父母为此常常发火，甚至怀疑她智力有问题。而王华的生物老师说：“王华这孩子特别聪明，如果好好培养，她将来很可能在研究动物方面做出成绩。”

王华父母的做法值得我们反思，在现实生活中很多父母会犯这样的错误。他们没有站在孩子的立场上去理解孩子，而是人为地限制，干涉孩子追求兴趣，这样不仅会使孩子对自己的爱好产生怀疑，严重的会使孩子产生逆反心理，影响孩子兴趣的发展。

同时，很多父母还会强加给孩子一些要学的东西，这使孩子失去发挥自己才能的机会，容易使孩子产生厌烦心理。例如，有些女孩本来对绘画不感兴趣，被父母逼迫着每天练习画画，结果绘画技术总是得不到提高，于是恨孩子不争气的父母就把孩子当成撒气筒，用“你怎么这么笨”等词语责骂刺激孩子。长此以往，女孩难免产生叛逆心理，严重的还会使她变得自卑并产生自闭倾向。

赵靓在公立幼儿园，接触的兴趣班很少。一到周末，爸爸就带她到书法班学习，每个周末都坚持去，爸爸很辛苦，赵靓却很不愿意去。后来，爸爸又给赵靓报了舞蹈班，赵靓依然没有表现出学习的热情。看着孩子每天闷闷不乐，一有空就躲在自己的房间里，爸爸心里也不好受。

有一天，妈妈整理赵靓的房间时发现床底下的纸箱子里有很多画。画的人物肖像表情很生动，但多数是沮丧和失落的。妈妈既为赵靓的绘画才能感到吃惊，又为赵靓自卑消极的心态担忧。后来妈妈和爸爸把赵靓叫来，倾听她的想法，赵靓说出了她对绘画的兴趣。最后父母给赵靓报了绘画兴趣班，赵靓在绘画中找回了自信的感觉。

充分挖掘和发现孩子的兴趣很重要，但更重要的是尊重孩子的兴趣。遗憾的是，有的父母却做不到这一点。他们不懂得站在孩子的立场上去考虑问题，把自己的意愿强加给孩子，这是典型的不尊重孩子兴趣的表现。这样只会人为地把孩子的兴趣“磨灭”掉，甚至落个悲惨的结局。

父母对孩子的知心话：

很多父母对孩子的评价，就两种——贪玩和爱学习。爸爸妈妈觉得这样的评价很片面，有些高智商的孩子正是那些过度贪玩不爱学习的类型。孩子的天性就是爱玩，爱玩是孩子的一种本能。对未知事物的探索就是在玩的过程中体现的，孩子们的智力也因为玩而得到开发。通过和其他小朋友做游戏的玩耍，能提高孩子的交际能力和应变能力，学会人际交往，培养社会交往应变能力，学会关心和考虑别人以及尽职尽责，培养孩子的集体主义观念和集体荣誉感，以及遵守纪律，克服困难和坚持到底的精神，培养孩子活泼开朗、勇敢机智的性格。

多给孩子一些时间，让她发现生活中的快乐

很多父母对于女孩都约束得很厉害，就怕给她们太多的时间，她们学坏。其实，给孩子一点释放天性的时间，在这些时间里，孩子愿意做什么，父母可以让孩子自己决定。大家都应该清楚，孩子的天性就是玩，因为我们也是从孩提时代过来的。每天给孩子一定的玩乐和游戏时间，让孩子尽情展示自己，让孩子做她想做的事情，对孩子的成长和学习是大有裨益的。

王丽的女儿今年11岁了，在一个月之前，她和班里的一个女孩打得火热。那个孩子胆子非常大，放学后经常来王丽家和她的女儿一起做作业，一直做到很晚，才会回家去。

最初，王丽感到很奇怪，因为王丽并不允许她的女儿私自去别人家玩。可那个孩子告诉王丽，她的父母同意她这样做。王丽也亲耳听到那个女孩给父母打电话告诉他们来王丽家写作业了，她父母没有像王丽那样断然拒绝孩子，而是对她说“行”，并告诉她几点要准时回家。要知道她家离王丽家有10分钟的路程，并且要经过几个路口，人多车多，很不安全。

经过观察，王丽发现女儿和那个女孩在一起也没做什么特别淘气的事情，只是一边聊天，一边做作业，而且遇到难题还

一起讨论。当她们把作业完成之后，便在一起玩游戏。

更让王丽惊奇的是，那个女孩晚上吃完饭，还会来她家里找她女儿玩，玩到 9 点多再回去。王丽只允许她们在院子里玩，而不允许她们去离家比较远的同学家玩。但是时间一长，这个孩子的父母的做法给了王丽很大的触动。王丽女儿自从和那个孩子亲密起来以后，就经常向王丽争取自由支配时间的权利，在完成作业后要求独自去同学家玩儿。

有一天晚上，王丽允许了女儿去广场找同学玩，并且约好八点半必须回来，结果女儿非常准时地回家了。王丽问女儿都做了什么，女儿高兴地说："玩呗！"

虽然女儿的"玩性"变大了，但是她的学习成绩丝毫不受影响。非但如此，在那个学期的期中考试中，女儿的成绩还进步了 10 名，从班上的中游水平进入了班上的前列。而且王丽发现女儿的脸上微笑多了许多，她知道女儿在玩乐中体验了许多乐趣。

在孩子成长的过程中，父母除了督促孩子学习，还不应忘记给孩子自由支配的时间，让孩子有充分释放自己天性的机会。生活是充满乐趣的，但是只有让孩子自由自在地到生活中去体验，在游戏中去感受，才能真正领悟到童年的快乐。父母应该多给孩子一点时间，让孩子去发现生活中的乐趣，让孩子更健康更自然地成长。

有一位哲人说："不要压抑了孩子的天性，世界上最有价值的财富就蕴涵在孩子们的天性中。"孩子的天性需要通过自由释放才能充分挖掘出来，如果父母采取强硬措施限制孩子的自由，不给孩子玩耍嬉戏的时间，那么只会使孩子的天性受到压抑。

有一个孩子学习很好，头脑灵活，父母、老师对她有很大的期望。每次孩子做完作业要出去玩的时候，父母就强硬制止，要求孩子做完数学作业做语文作业，做完语文作业写日记，写完日记读报纸，总之一句话：不能出去玩。

时间一长，孩子发现了一个道理，无论自己作业做得多快多好，父母也不会让自己去玩，反正不能出去，那干脆就慢慢做，轻松地做。从此孩子再也不提出去玩的事情了，但做作业故意磨磨蹭蹭，一道题能做一个多小时。父母看到孩子的学习劲头，别提多高兴。殊不知，孩子的天性和灵气早已被父母的强硬措施扼杀殆尽了。

教子之路漫长而任重，随着年龄的增长，孩子的学习内容慢慢变得难和枯燥，久而久之，孩子难免会产生厌学的情绪。这时，若能结合孩子的学习任务适当给孩子增加自由活动的时间，可以极大地缓解孩子学习中的压力。如果父母没有这种意识，处处给孩子限制，唯恐游戏和玩耍影响孩子的学习，会给孩子的成长带来极为不利的影响。

自由支配的时间，给了孩子还原自我的天性，也为日后的幸福生活打下了良好的基础。教育专家孙云晓认为：“童年的快乐是一生快乐的源头，童年的不幸是一生不幸的开端。一个人如果失去了快乐的童年，将来是无法弥补的。”

父母对孩子的知心话：

爸爸妈妈明白，给你充足的时间和自由的空间释放自己，是你身心发展的需要，是培养创造性人才的首要条件，也是奠定你快乐成长的基础。在成长过程中，我们知道你开拓除父母以外世界的意愿是非常强烈的。因此，我们会培养你做事的积极性，发掘你的兴趣爱好，培养你独立思考和适应陌生环境的能力。希望我们做的这些，对你日后拥有独立的思想会有帮助。

扩大知识面，孩子的成长需要更多养分

在每个人唯有靠着真才实学才能为自己代言的时代，女孩也不再是无才便是德，而是要掌握知识，才能够成为真正独立的女性，才有能力去追求属于自己的幸福，创造属于自己的充实而又精彩的人生。

每个孩子从呱呱坠地时就开始学习和模仿，对于孩子而言，模仿就是一种学习。通过模仿，孩子学会用手做各种灵活的动作。当然，随着不断地成长，孩子的学习绝不限于课堂上的知识，在日常生活中，孩子也依然要保持不断学习的好习惯。除了要阅读课本之外，孩子更应该扩大知识面，坚持在书籍的海洋里遨游，在生活中处处留心，这样才能让内心变得更加充实，让眼界变得更加开阔。

作为父母，在引导女孩学习的时候，我们千万不要误导女孩，也不要让女孩错误地认为牢牢记住书本上的知识就能考出好成绩。课堂上的学习对于孩子的成长固然重要，但是，孩子的成长需要更多的养分，也需要开阔的眼界和丰富的心灵。

一直以来，果果都是爸爸妈妈眼中的乖乖女。每次提起果果，爸爸妈妈都会骄傲地向人介绍：果果非常勤奋，学习方面

很省心，每次考试都能考全班第一。在学习的过程中，果果的确有很强的主动性，不需要爸爸妈妈反复督促她。这样一来，爸爸妈妈就可以放心地做自己的事情，因为他们相信，果果会把该做的事情做好，也相信果果会在学习上有突出的表现。

周末妈妈要加班，所以把果果也带去单位。中午休息的时候，同事们都在讨论嫦娥四号升空的事情，这个时候果果突然困惑地问妈妈："妈妈，嫦娥不是神话中的人物吗？她根本不存在，难道她真的飞到月亮上了吗？"听到果果的话，同事们都情不自禁地笑起来，妈妈则感到非常丢脸。事情发生之后，妈妈才意识到，虽然果果学习成绩很好，但是她的阅读量很小，是典型的死读书，从来不会主动关注社会上的事情。因此，妈妈开始有意识地引导果果关心身边的事、关心国家的新闻，并引导果果阅读更多课外书籍。

两耳不闻窗外事，一心只读圣贤书，这在现代社会是行不通的。每个人都是社会生活的一员，都应该关注自己身边的人和事，也要在资讯传递及时的情况下了解更多的新闻资讯。眼界开阔的女性会更加自信，与书香相伴的女性，在气质方面会发生根本性的改变，也会让自己的待人接物变得与众不同。

很多父母以为，如果女孩参加太多的课外活动，比如花费大量的时间来阅读课外书籍，一定会影响学习。实际上，这样的想法是错的，对于女孩来说，阅读丰富的课外书籍，可以让女孩的心灵更加充实，也可以让女孩的眼界更加开阔。要知道，女孩的学习绝不仅仅限于学校的书本内容，也包括增大阅读量、具有时尚的观念。要想成为独立的女性，女孩就一定要有自己的思想和灵魂。多读书可以让女孩足不出户就走遍世界，也可以让女孩博古通今，与伟大人物进行灵魂的交流。在此过程中，女该更加独立自主，也将知道自己究竟想要怎样的生活。

现代社会要求每个人都要活到老学到老，保持端正的学习态度和良好习惯，随时随地学习。知识能够改变命运，对于女孩而言，这句话更有深刻的道理。尤其是在家庭生活中，一个有思想、有主见的女性，会对整个家庭的生活都产生巨大的影响，也会在子女教育方面做出杰出的贡献。女性要求得到的平等的地位，并不是别人给的，而是需要通过自身的努力才能得到的。

父母对孩子的知心话：

生活在现代社会是你的幸福，因为你有很多的书籍可以阅读，你也有很多其他的途径来开阔眼界。记住，要想成为独立的女性，你必须自立自强，不要把希望寄托在他人的身上，而应通过自身的努力把自己的事情做到最好。

肯定孩子的好奇心，培养对知识的求知欲

爱因斯坦说过：“对于一切来说，只有热爱才是最好的老师。”因为热爱，才会产生兴趣，才会产生好奇心和求知欲，才会将被动学习转化为主动学习。主动学习和被动学习这二者之间的区别很大，产生的学习效果也有很大差别。在主动学习的过程中，孩子的注意力会高度集中，思维更敏捷，潜在的能力会被调动起来，因此学习效果会更好，成绩的提升会更明显。因此，保护好孩子的好奇心和求知欲是维护孩子学习热情、引导孩子主动学习的最好方式。

九岁的孩子阿蕊，跟随父母来到美国。阿蕊的父母对孩子学习环境的大变化充满了担忧，恐怕孩子不能适应，影响到了学业。

不一样的是，以前孩子一放学就会拿出作业本专心致志地写作业，而现在孩子一放学就会跑去图书馆，抱回很多书籍，一边看书一边写作业。阿蕊的父母有些疑惑。阿蕊的爸爸趁孩子不注意的时候，悄悄地看了一眼孩子的本子。“我的昨天与今天”——阿蕊的本子上赫然写着这几个字。爸爸有些哭笑不得，一个九岁的孩子竟然写出了这样的题目。于是，阿蕊爸爸决定

和阿蕊沟通一下：

“阿蕊，我能不能了解一下，你现在在做什么？”

“可以的，我正在准备写本书，书名我都想好了，《我的昨天与今天》。”阿蕊答道。

果然不出阿蕊爸爸所料。阿蕊爸爸觉得这样的题目有些大，一个九岁的孩子哪有那么多故事呀，恐怕连大学校园里的博士也不一定敢用这样的口气。于是，爸爸想表示否定，准备阻止阿蕊做这件事情。但否定的话语已经到了嘴边，又被阿蕊爸爸生生咽了回去。

“好的，孩子，我觉得很好，爸爸有个请求，希望等你大功铸成的时候，我有幸能做第一个读者，可以吗？”一百八十度大转弯，连阿蕊爸爸自己都有些惊讶了。

过了两个月，阿蕊的大作完成了，是一本200多页的小册子。这里面写得五花八门、热热闹闹的：从婴儿时期，阿蕊还只是一个细胞起，到独立行走，到牙牙学语，再到第一次和小朋友握手、第一次去幼儿园、第一次和小朋友吵架、第一次给妈妈端水、第一次上小学……最后，书后面还列出了参考书。阿蕊的爸爸有些吃惊：“这是我的孩子写出来的吗？太神奇了吧。”

看着九岁的孩子兴致勃勃地完成了自己的大作，阿蕊爸爸意识到自己最初的决定是对的，不管结局如何，首先，保护孩子的好奇心和求知欲的初衷是非常正确的。阿蕊爸爸在心里悄悄地为自己点了一个赞。

由此可见，教育不应该只是让孩子学习课本上的知识，而应该更多地关注孩子的心理。对于孩子的好奇心和求知欲，家长应小心保护。孩子养成一种良好的学习习惯不容易，而且对孩子而言，可以说是终身受益。任何一位成功者都需要有一份纯粹的热情，如果没有了好奇心，那么，无数个苹果落地也砸不出万有引力定律来。

保护孩子的好奇心和求知欲应从生活的点滴做起：

方法一：孩子爱问为什么是一个好现象，家长要鼓励

孩子们的好奇心很重，到了一定年龄之后，他们总是喜欢问为什么。这是孩子爱动脑、勤思考的表现，是一个非常好的现象。作为家长，一定要给予孩子鼓励和表扬，不要因为嫌烦就斥责孩子，否则，孩子还以为问问题是错误的行为，会本能地减少提问，进而减少对于外界的好奇心。

方法二：尽量回答孩子的问题

对于孩子提出的铺天盖地的问题，很多家长都会觉得有些招架不住。对此，家长们一定要认真对待，不可乱说，实在不会的可以通过资料查找到正确的答案。如果家长们确实无法回答，可以让孩子自己去寻找答案。在从孩子提问到寻找答案的过程中，同样可以促进孩子的求知欲。

方法三：不要让孩子看到你对提问的负面情绪

妈妈正忙着洗碗，孩子跑了过来，问道："妈妈，为什么我不能变成怪兽？"对于这个孩子问了一个晚上的问题，妈妈终于发脾气了，"你还有完没完，如果你再问我这个问题，我就生气了。"孩子惊恐地看着已经生气的妈妈，"难道妈妈不喜欢我问问题？"类似这种场景生活中随处可见，孩子们天真的问题时常搞得家长不知该怎样回答，最后恼羞成怒，粗暴地让孩子闭上嘴巴。家长这种行为，会大大削减孩子的好奇心和求知欲。这一点，家长一定要引起重视来。不要因为回答不上来，伤了做家长的面子，就粗暴地制止孩子提问的权利。

父母对孩子的知心话：

你是带着一颗好奇心来到世界上的，你像一个个探险家，企图了解、探知他们不知道的神秘世界。因为有了这种原始的、本能的好奇心和求知欲，人类才能不断进步，社会才能不断前进。好奇心是你渴望获得更多知识的动力，是你不畏艰辛探索更高领域的勇气支撑，是你快速成才的先天优势。因此，爸爸妈妈一定要小心保护好孩子的好奇心与求知欲。让你对自己和世界永远保持好奇心和探知欲。

对于孩子的兴趣，需要给予更多的鼓励

每个人都有自己的兴趣，不同的人有不同的兴趣爱好，女孩也不例外。女孩兴趣的萌发是其接触和了解外界的一个重要手段，是她们从事实践活动、获得知识、发展能力的一种强大动力，它对孩子的个性形成有重大的作用。纵观古今，凡是有所成就的人都被年幼时的兴趣影响一生。健康的兴趣爱好，不仅能丰富人的知识、开阔人的眼界，对人的成长还有着深远的影响。克服困难的动力有时候源自这些健康的兴趣爱好，它能带领人们走出低谷，向新的高地进发。

诚然，一个女孩的兴趣并非与生俱来，而是与后期的成长环境、教育、社会活动息息相关的。家庭是她们一生中最先接触的集体，父母是女孩生活中的第一任老师，对女孩个性与兴趣的培养至关重要。

师师是个讨厌钢琴的小孩，但是妈妈看着别人的小孩都去参加钢琴培训班，师师妈妈不甘示弱，强迫师师参加钢琴培训。那晚下大雨，师师问："下这么大雨，是不是可以不去参加钢琴培训？"

妈妈一边穿雨衣一边说："学钢琴岂能退缩，下点儿雨就不

去了，那你以后怎么干大事。”师师很不情愿地坐在妈妈的自行车后面。

钢琴老师让师师温习一下上节课的课程，师师回家后没有练习，弹得相当糟糕，简直是一塌糊涂。钢琴老师便皱着眉头责备道：“教了你这么多次了，还弹成这样子，你到底学了没有？”然后对师师妈妈说：“看看你家孩子，听听，弹的什么样，没有一点钢琴细胞，以后肯定成不了材。”

从老师家走出来，雨还在一直下，回家的路上，妈妈一直对师师唠唠叨叨：“叫你别出去玩，现在好了，挨骂了，你看看人家弹得多好，以后没我的话，别再出去玩了，必须学好了，才出去。”

次日，阳光高照，又到了师师练习钢琴的时间，师师的爸爸像往常一样，关上卧室的门，打开电视机，而妻子却在厨房里洗碗做饭。

但是，很长一段时间，爸爸都没有听到孩子的琴声了，觉得很奇怪。突然一声惨叫，爸爸赶紧跑出去，被眼前的一切怔住了，惨烈的场景出现在他眼前：女儿竟然在高强度的压迫下，选择了割脉自残。爸爸迅速夺过刀子，拨打了120，并将女儿送往医院。经查看，女儿手上有两处刀伤，而且有一处已经伤及神经，无法完全愈合了。

师师的母亲听完后，顿时晕了，醒来后，发现自己躺在病床上。此时，她才发现自己对师师的要求太严格了，有按照师师的意愿来做决定，也没有经过师师的同意，而是完全替师师安排。

师师的悲剧让我们心痛，更让我们反思。父母的愿望成了师师永远甩不掉的包袱，最后她选择了自残的方式进行反抗，这不是个案，而是现在社会的一种普遍现象。望子成龙，望女成凤是家长共同的心愿。一些家长为了让孩子成才，不惜投入大量的金钱，牺牲自己不少的宝贵时间，这本没错。但是父母强迫孩子去做一些他们不感兴趣的事情，这样不仅不利于他们的身心发展，甚至有可能引发悲剧。

所以，对于孩子的兴趣爱好，父母要做的不是强迫，而是引导，只要孩子的兴趣爱好不是有害的或不良的，父母就要尊重和鼓励孩子，但总是强迫孩子去做一些他们不喜欢或是不感兴趣的事情，并不能让孩子更好地成长，这其实只是家长单方面的美好愿望而已。把自己的好恶加在孩子身上，这会成为孩子的一种负担，继而会激起孩子的反抗情绪，哪怕他们以前本来喜爱那件事情，或者不爱也不憎，但由于父母的强迫，他们也会对它讨厌到极点，这样做的结果只能是事与愿违。

心理学家指出，作为家长，我们应该尊重孩子的兴趣。如果父母在孩子童年的时候，对其进行培养、引导，而不是用一种权威的方式去要求，则孩子日后的发展将更加健康。父母只有充分地了解孩子，尊重孩子，从而发现孩子的潜力，按照孩子的潜力方向去培养孩子，把孩子的天赋培养出来，则孩子更容易成才。

那么，父母应该如何去对待孩子的兴趣爱好，那怎么培养孩子的兴趣爱好呢？作为父母，我们应该从以下几个方面入手：

方法一：呵护孩子萌生的爱好，升华孩子的兴趣，让孩子受益一生

不同年龄的孩子，有不同的兴趣。与成人相比，孩子们的兴趣爱好有着很大的不同，很多时候，成人觉得无聊，而孩子却觉得其乐无穷。家长们如果按照自己的观念去培养孩子的兴趣爱好，那只会适得其反。如果蹲下来，以孩子的视角去看某些事情的话，结果就会不一样。

在生活中，我们时常观察到，孩子爱看蚂蚁搬家、打架。如果此时，父母注意孩子的行为，陪他们一起看，并找准机会提出一些有针对性的问题，例如："蚂蚁的身体有几部分？""蚂蚁的家在哪里？""蚂蚁为什么要搬家？"诸如此类的话。如果孩子回答不上来，也不要去指责孩子，而是鼓励孩子去发现知识，掌握知识。

孩子的兴趣与爱好是孩子最好的老师，让小孩在兴趣中了解自己，认识自己，做父母的再加以引导，让孩子的兴趣成为他们终身受益的成长点。

方法二：创造活泼轻松又不乏智慧的家庭氛围

孩子的最开始的兴趣往往来自家庭，父母要善于利用家庭氛围来感染、强化孩子的兴趣爱好。历史上众多的中外名人都是因为小时候养成的良好习惯和兴趣而最终取得巨大成就的。

英国著名生物学家达尔文从小就喜欢花草昆虫，他的父母也很支持他，并鼓励他去这么做，他也以此为爱好，于是对昆虫知识的认识逐渐地增多了。后来经过他反复不断地钻研和锲而不舍的精神以及对自然的热爱，使得他成了一名生物学家、博物学家。

方法三：父母应在生活中为孩子创造良好的外部环境

模仿是孩子的天性，孩子一开始学习就是通过不断的模仿，然后积累到一定的经验之后，才会掌握一项技能。

战国时期的教育家孟子之所以后来是集大成者，与他的环境是密不可分的。孟母意识到环境对一个人的重要性，所以才有了“孟母三迁”的故事，因此在生活中，学习固然重要，但是学习的环境同样重要。

方法四：孩子的兴趣爱好并不是永久不变的，随着时间的推移，孩子的兴趣会有所增加或扩充

作为一个孩子而言，天生好动的性格，见一种东西便会去喜欢一种东西。例如，看到人家玩乐器，小孩便喜欢玩乐器；看到人家捏泥人，便喜欢上玩泥人。一开始，家长很难把握孩子的兴趣所在，只有通过长时间的观察，才知道孩子到底对什么感兴趣。在这时，家长应该在适当的时候引导孩子，培养孩子的兴趣，让孩子真正找到兴趣点。

方法五：生活中，父母要给予孩子鼓励和善意的表扬

对于孩子而言，父母的一句鼓励不仅仅是一句鼓励，而是鼓励孩子不断向前的动力，是孩子积极向前的推动器。鼓励与表扬并不需要多么的伟大，可以是一句话，可以是一个糖果，可以是父母亲给孩子的一个吻，孩子都会牢记于心。事实证明，当孩子做错事的时候，换一种方式去鼓励孩子，效果会比直接批评的效果要好得多。

方法六：父母应该陪小孩做一些小孩感兴趣的事情

父母是孩子心中的偶像，孩子的很多行为都是学父母的。如果父母亲能陪孩子完成一件孩子感兴趣的事情，那他肯定会更加高兴。例如，孩子喜欢玩沙子，父母可以陪孩子一起铲沙子，用玩具车把沙子装到一个地方再卸掉，这样，既锻炼了孩子的动手能力，又培养了亲子关系。另一方面，当孩子对一些坏习惯比较好奇，而且有意模仿的时候，父母就需要对这种行为进行劝导。

方法七：父母亲应该发现孩子的优势所在，从而重在培养小孩在这方面的才能

如果您的孩子很热爱画画，那就需要在画画上多引导他；如果您的小孩很喜欢音乐，那么就要在音乐方面给他创造一定的条件，例如，买一些歌曲；如果您的孩子很喜欢跳舞，那么请买一些舞蹈视频给您的小孩。发现了孩子的优势，再去培养孩子的优势，这样孩子才能有所成就。

父母对孩子的知心话：

孩子的教育问题不仅是学校的问题，还包括社会教育、家庭教育，这三者构成了孩子教育的共同体，缺少任何一方的教育都可能使孩子走上一条不正确的道路。爸爸妈妈一直牢记你的教育与我们息息相关，因此才能做到变体罚改为鼓励，变控制改为体谅，以促进你身心健康发展与成长。

让孩子明白学习是自己的事，她才会把热情投入其中

近年来，很多父母都陷入教育焦虑的状态，他们对孩子寄予过高的期望，并对孩子提出太高的要求，导致孩子在学习方面承受了巨大的压力。其实，父母这样的做法完全是本末倒置。对于孩子来说，学习有两种动力：一种是内部驱动力；一种是外部驱动力。那么，到底是外部驱动力对孩子的影响更加持久，还是内部驱动力对孩子的作用更加明显呢？显而易见，只有内部驱动力才能够给孩子提供源源不断的动力，让孩子在学习方面端正态度，有正确的思想认识。这样一来，她们才能够努力向前，绝不懈怠。

父母不应以物质诱惑来激励女孩学习，否则就会导致女孩的内部驱动力渐渐消失，而不得不依靠外部驱动力来促使自己坚持学习。然而，学习是一个漫长的过程，甚至要花费一生的时间，因此女孩一定要真正意识到学习的目的和意义，这样才能够在学习上更好地坚持和努力。

很多西方儿童教育专家都提出，不要对孩子的学习给予太多的物质和金钱奖励，否则就会导致在孩子在学习方面过分依赖外部的刺激，而丧失了自身的动力。作为父母，我们对女孩的学

习一定要怀有理性的认知和态度，父母固然要及时认可和鼓励孩子，但是也要注意不能总是给予孩子太大的压力，更不能试图以各种外部的方式来刺激孩子坚持学习。要想让孩子拥有持久的学习动力、在学习上有更好的表现，就要激发孩子的内部驱动力。

为了督促婷婷学习，妈妈经常在婷婷取得好成绩之后给婷婷一定的物质奖励。有的时候，妈妈带婷婷去必胜客吃比萨，有的时候，妈妈给婷婷发一个大红包，有的时候，妈妈允许婷婷买一件心仪已久的礼物。在这样的情况下，婷婷对学习的积极性和热情都有所提升。然而，时间久了，婷婷的态度出现了一个问题。

有一天，婷婷在月考之中又取得了好成绩，她拿着成绩单回家给妈妈看。妈妈看完之后只是很高兴地夸奖婷婷："婷婷，真棒！学习成绩越来越好，将来一定能够考上名牌大学。"说完之后，妈妈就忙着做饭，婷婷却感到很不高兴，独自坐在沙发上生气。妈妈喊婷婷吃饭的时候，才发现婷婷脸色不对，因而纳闷地问婷婷："你这是怎么了？"婷婷对妈妈说："你还问我怎么了，你为什么不给我奖励呢？每次不是都是有奖励吗，我还想这次买一个iPad呢！"听到婷婷这么说，妈妈为难地说："这个月爸爸下岗了，家里的经济情况很紧张，妈妈暂时没有钱给你买礼物。你要知道，学习是你自己的事情啊，不是为了奖励才学的。"

婷婷马上对妈妈的话表示反驳："学习可不是我自己的事情，我就是为了让你们高兴才这么努力学习的，不然我干吗要这么用功呢！既然没有礼物，那我以后在学习上可就不能保证取得好成绩了！"听了婷婷的话，妈妈感到很懊恼。

若父母总是给予孩子丰富的物质奖励，会导致孩子原本拥有的内部驱动力渐渐消失，而必须依靠外部的刺激才能够更好地成长起来。对于女孩而言，任何时候，学习都是自己的事情，是为了自己的成长和进步，从而拥有美好的未来。但是，当爸爸妈妈对她的学习慷慨地给予大量物质奖励时，孩子难免会觉得学习是为了取悦父母。

对于每个人而言，学习都是自己的事情，父母要想引导孩子拥有强烈的学习内驱力，就不要总是逼迫孩子学习，也不要总是以物质奖励的方式诱惑孩子学习。首先，父母要帮助孩子端正学习的意识和态度，这样孩子才能积极主动地学习。其次，父母还应该给孩子创造更好的成长环境，在孩子取得优秀学习成绩的时候给予孩子精神上的奖励，这样孩子才会保持内部驱动力。总而言之，孩子的学习目的应该是很纯粹的，学习动机也应该是非常正确端正的，作为父母，我们要告诉女孩学习对于人生的意义，这样女孩才会更加热情地对待学习。

父母对孩子的知心话：

孩子，学习是每个人都应该做的事情。从呱呱坠地开始，每个小小的生命就开始了学习的历程。即使有一天你大学毕业走向社会，成为一个真正意义上的社会人，也要坚持学习，这样你才能够适应瞬息万变的社会，才能以与时俱进的节奏不断成长和进步。

第五章

进行挫折教育，不做柔弱的小公主

没有吃过苦，孩子就不懂得什么叫幸福

“自古英雄多磨难”，纵观古今，但凡是一些有所成就的人都经过百般磨炼。对于孩子来说，遭遇挫折不是坏事，这能真正激发出他们的内在意志品质。很多父母觉得挫折教育应该用在男孩的身上，女儿就应该富养，要让女儿成为不受任何伤痕的小公主，要永远呵护在自己的羽翼之下。家长这样想其实是不对的，即便是女孩，也应该从小让她明白什么是苦，孩子受了一点委屈或苦难，只需要告诉她用不着害怕、泄气和埋怨，爬起来，那就是一种成功。

曾读过一篇名为《狮子育儿法》的文章，讲的是“我”在一位韩国朋友家做客时，看到朋友的孩子不小心从楼梯上滚了下来，出于善意要去扶倒在地上的孩子，没想到却被朋友制止了，更令人感到疑惑的是，家里的保姆好像就像没看到似的，不闻不问，这真是让人匪夷所思。接下来那位朋友解释说，这是时下韩国最为流行的“狮子育儿法”。

所谓“狮子育儿法”就是像狮子那样养育孩子，引导孩子的身心向健康方向发展。

身为“森林之王”的狮子在激烈生存竞争中也是不敢大意。

小狮子刚出生不久就会被父亲推下石崖，小狮子只能自己想办法从下面爬上来。而成年狮子就会站在一旁观察着小狮子的一举一动，只要小狮子没有生命危险，它们是绝对不会出手相助的。

文中提道：因为是群居动物的缘故，小狮子都会受到狮群的保护。在这样的环境中生活，小狮子就会经常出现打斗的场面，也正是因为这样才锻炼出它们强健的体魄。崇尚“狮子育儿法”的韩国人认为小孩也和小狮子一样，不可能一生都受到父母的呵护，总有一天要离开父母的呵护走向竞争激烈的社会，这就需要他们独自承受很多。

而我们中国的孩子是家里的独宝，全家人都要围着这一个宝贝转圈。

每天的小学门口，特别是下午放学时，就像赶集似的热闹，无数的家长都是来接孩子的。其实现在的孩子，大都是在与父母保持安全距离的情况下入校或回家的，至少也是用摩托车或自行车送去接回，现如今大家的物质生活都丰富了，家家都能买得起汽车，接送孩子自然少不了这交通工具，孩子们多幸福啊！

中韩两国的教育方式是多么的不同啊！家长们应该尽快转变一下我们的教育观念，也像狮子育儿那样教育我们的孩子，因为人在磨炼之后才会得到成长。是的，孩子的成长离不开磨炼，没有挨过饿的人，不懂得什么叫温饱；没有受过苦的人，不懂得什么叫幸福。

这些天，小雯在为参加作文竞赛做准备，白天她在语文老师的辅导下积累作文素材，晚上回家还会看一些课外书，以此增加自己的新词汇。作文竞赛前一天，小雯自豪地向妈妈说：“妈妈，这次我肯定会是第一名。”妈妈不喜欢小雯那骄傲的样子，不相信地问：“你这么有把握？”“那当然了，以前作文竞赛，哪次我不是拿第一啊，这次肯定不会例外。”小雯信心满满地说。妈妈不忍心打击她的自信心，只好微笑着点点头。

作文竞赛那天早上，小雯的爸爸和妈妈都分别给了小雯成功的祝福，小雯带着全家的希望出发了。晚上回到家，小雯有些沮丧地说：“我觉得我这次没有发挥好，估计拿第一有点危险。”妈妈只是简单地安慰了几句，就换了话题。结果出来了，平时经常拿第一的小雯只得了第三名。本来准备的庆功宴也只好被改为“安慰宴”，小雯感觉受了挫折，整个人都很沮丧。这次，妈妈并没有一个劲地安慰小雯，而是抱着客观的态度分析。她指出了小雯的骄傲心理，另外她还给予了一定的肯定和鼓励。虽然，对于妈妈指出的不足，小雯难以接受，但想了半天她还是觉得很合理，自己的确太骄傲了。她决定改掉这样的毛病，以虚心谨慎的态度迎接下一次的比赛。

现在的大多数女孩都是在万千宠爱中长大的，在她们身上很容易显现任性、脆弱、依赖性强、独立性差等特点。随着社会的进步、经济的发展，孩子们的生活条件越来越优越了，但是，她们在享受优越条件的同时，却像温室里的花朵，禁不起外界的风吹雨打。这样成长环境中的女孩，如果不进行适当的挫折教育，就会使她们的性格越来越脆弱，心理承受能力越来越差。问题值得引起每一位父母重视，因为今天的孩子需要经受一些挫折，只有在不断锻炼之下，她们才能够迎接未来的挑战。

挫折教育就是指家长有意识地创设一些困境，教孩子独立去对待、去克服，让女孩在困难环境中经受磨炼，摆脱困境，培养一种迎难而上的坚强以及吃苦耐劳的精神。

方法一：对女儿要多肯定、多鼓励

当女儿遇到挫折困难的时候，父母应该及时地肯定、鼓励女儿，给予她安慰和必要的帮助，使她不至于感到孤独无助。这时候，父母不要用一些消极否定的语言来评价，“你真是太笨了，这么简单的事情都做不好”，“做不好就不要再做了”等，这些话会强化女儿的自卑和挫败感，下次在困难面前，她就更没有信心去面对了。父母可以采用一些积极肯定的评价，给女儿自信，使她意识到自己的努力是受到肯定和赞扬的，没有必要害怕失败，继而逐渐学会承受和应付各种困难与挫折。

方法二：引导女儿正确对待挫折

小孩子对周围的人和事物的态度往往是不稳定的，她们容易受情绪等因素的影响。因而，她们在遇到困难与挫折的时候，也往往会产生消极情绪，不能正确地面对挫折。这时候，需要父母及时地告诉女孩“失败并不可怕，只要勇敢向前，一定能做好的”，父母有意识地让女孩把失败当作一次尝试的机会，鼓励她重新鼓起勇气再次尝试。同时，父母还应该教育她勇敢地面对挫折与困难，增强抗挫折的能力。

方法三：把适当的任务交给女儿

父母可以把适当的任务交给女儿，让她自己来处理，并从困难中找到解决的办法。如果女儿面临沉重的压力，父母可以帮助她进行心理疏导，但绝不能大包大揽，让女儿觉得压力是与自己无关的。有的父母对女儿的赏识教育过头了，让孩子觉得自己是世界上最好的，无往不胜的，无法承受批评和失败。这样不能接受批评、不能承受压力的女孩，她们在未来的生活中必定是充满着痛苦的，甚至有可能被压力所吞噬。

方法四：好孩子也需要适当的批评

批评和表扬一样，它们都伴随了女孩成长的一生。有的父母怕女儿受委屈，即便是女儿做错了事情，也从来不说孩子的不是，时间长了，就使女儿养成了只听得进表扬的话而不能接受批评的不良习惯。其实，父母应该让孩子认识到，每个人都是有缺点的，有的缺点可能是自己不知道的，但别人很容易发现，只有当别人在批评自己时，自己才知道错在哪里。这样让孩子明白，有了缺点并不可怕，只要勇于改正就是一个好孩子。

方法五：挫折教育也需要顺应孩子的个性

任何教育都要考虑到女孩的心理特点以及个性特点，不同的女孩面对挫折教育会反映出不同的心理。所以，父母对女儿所进行的挫折教育也需要因人而异。有的女孩自尊心比较强、爱面子，遇到挫折就很沮丧，对这样的孩子父母不要过多地批评，点到为止即可；有的女孩比较自卑，父母要多安慰、少指责，善于发现她们的闪光点。另外，父母还要有意识地依据女孩的抗挫折能力进行教育，有的女孩能力较强，父母只需适当启发，放手让孩子自己去解决问题；有的女孩能力较弱，父母可以帮助制订计划，使孩子看到自己不断地进步，继而逐渐形成克服困难和挫折的能力。

父母对孩子的知心话：

“不经历风雨，怎能见彩虹。”彩虹永远都在风雨的后面，人生也是一样，幸福往往都在挫折的后面。面对外面世界的风风雨雨，爸爸妈妈不可能为你遮挡一辈子，所以，爸爸妈妈在自己还有能力时，让你遭受一些挫折，即便你摔得很重，爸爸妈妈也会在你的身后给予你有力的支撑。唯有这样看似残酷的训练，才能让你在挫折中学会前行，才可以让你无论遇到什么困难，都不会想到放弃，而是微笑面对。

让孩子明白，赚钱不是一件容易的事

俗话说：穷养男，富养女。很多人因此认为，女孩就应该要什么给什么，从小把女儿培养成富家女，养尊处优、无忧无虑。这种教育方式是错误的，女孩，更需要让她从小明白“钱”是什么，让她知道赚钱的不易。只有让女孩明白赚钱的不易，生活的艰辛，她们才懂得体恤父母的辛苦，进而养成不浪费、勤俭的好习惯。而让女孩最直接体会赚钱艰辛的方式，就是在现实生活中，让她不断体验如何去赚钱。

曾看到过一篇小学生写的作文，文中写了她洗车的经历，很值得一读：

老师给我们布置了一项寒假作业：靠自己的劳动获取五块钱的酬劳。我还愁用什么方法挣这五块钱的时候，突然在父母聊天的内容中得知，因为快过春节的缘故，洗车的费用比平时贵了一倍，现在三十元。真是踏破铁鞋无觅处，得来全不费工夫。我自告奋勇地说：“爸爸，我洗车只收十元钱，价格公道吧？”在爸爸看来车是他的命根子，爸爸用疑惑的目光看着我。但在我的恳求下，爸爸终于答应了我这一要求。

我做事从不拖拉，我马上找来了水桶、毛巾、手套，把湿毛巾拧干后用力地擦着车门。一下，两下……为了让老爸这个客户能够满意，我使出浑身解数，认真地擦着每一个角落。但我越是卖力，车门就越擦越脏。站在一旁的老爸已经对我无可奈何了，我就当什么也没发生过，依然我行我素地擦着。

真是天公不作美，越冷老天爷越是要下雪。我已经被冻得通红的小脸蛋上沾满了雪花，雪水融化后打湿了我的衣服，慢慢地外面的衣服冻成了硬纸壳，而内衣却被汗水浸湿。费了半天劲一扇车门还没擦完，我真后悔做这个决定，但我不能做那种言而无信的事情，我一定要坚持把这项工作做完。雪漫天飞舞着，不一会儿，已经有一层薄薄的冰冻在了车身上。我小小的身躯在风雪交加中围着汽车转来转去。

这车擦得连我自己都看不下去了，爸爸终于忍不住了，叫停了这项任务……

虽然我最终没能完成这项工作，但爸爸还是支付了那10元钱的酬劳。当爸爸将钱放在我手中时，我的眼眶里饱含着热泪。我这时才发现：看起来简单的事情做起来并不简单；回报是建立在辛苦劳动的基础上。

“赚钱”是要付出无数滴汗珠，只有明白了赚钱的不容易，才能体会到生活的幸福，也就会倍加珍惜。父母在爱女儿的同时，不妨让她吃点苦，这样更加有利于女孩的成长。

在欧美发达地区，家境越是富裕，就越会培养孩子参与到一些家务中来，以此达到培养孩子独立做事的目的。

据调查发现，美国孩子每周有五小时的家务要做。实际上，让孩子参与家务劳动并不是浪费时间的事情，通过做家务的实践，孩子反而会从中学到很多经验。因为看似容易做的家务，实则包含了很多小细节。

美国父母会在每年的四月利用一天闲暇的时间，带上自己的孩子去自己工作的地方让孩子看看自己辛苦工作的情景，以此来让孩子明白劳动的价值观。

瑞士人提倡小学生“挣钱”体验生活。瑞士的小学里专门开设了一些打工赚钱的实践课程，以此让孩子在实践中体验到赚钱的不易。除此之外，学校还会定期组织模拟市场，让同学们从家长那儿“进货”，当然，这些“货”无非是一些吃吃喝喝的小玩意儿，然后孩子就把这些东西拿到学校的模拟市场来交易。露营、参观等活动的经费就是从孩子这些挣钱的款项中获得的。等到节假日的时候，你就会看到瑞士的一些街道和集市上有很多中小学生在拿着自制的工艺品和小食品叫卖，大多数人都会支持学生这样的举动。这是勤工俭学，也是体验生活。瑞士的孩子从小就被父母灌输了这种自食其力的思想。

据某媒体报道，某8岁富二代通过在街头卖艺赚得的钱全部捐献给山里的孩子。她的父亲要孩子体味生活的艰辛。女孩儿在街上拉琴，父亲在距离十多米的地方关注她所做的一切。7月已经是炎炎夏日，孩子每天要独自背负十几斤的装备上街卖艺表演，这是十分辛苦的。孩子因为这些伤心难过了好几次，但父亲并没有因此而让她停止卖艺，孩子只能继续站在那里拉琴。

一般人认为，富二代享受安逸生活是天经地义的事情，因为人的本性就是追求安逸，贪图享受也在所难免，何况是富家子弟。但这位父亲并没有因为富有，让女儿安逸舒适地生活，而是让她体会生活的艰辛。这种举动值得我们每一位家长深思、效仿。

人活着是一个奇迹，在这个奇迹的背后是人们日复一日的辛勤劳动。钱是一分一分赚出来的，可以说，每一分钱都饱含着人们的汗水。

为了女孩将来能在社会上生存，并有所作为，就不要把女孩天天泡在蜜罐里。要让她们早日明白生存的艰难，挣钱的艰辛，只有这样，女孩才能用自己的双手创造幸福，做一个自强自立的人。那么，如何培养女孩正确的金钱观呢？

方法一：让女儿正确认识金钱

在经济高速发展的今天，许多女孩都认识到了金钱的力量，嘴里毫不掩饰对金钱的喜爱，其实，这并不是一件坏事，也是一种社会进步的表现。但是，许多孩子对金钱的认识还很肤浅，这就需要父母逐渐引导女孩正确认识金钱，让她明白钱可以用来做些什么、钱是从哪里来的。更为重要的是，让她明白金钱并不是万能的，钱对于我们来说是很重要的，但若比起亲情等更珍贵的东西来说，它是没有任何价值的，这样逐渐让女孩树立正确的金钱观，抑制拜金思想的滋生。

方法二：培养女孩赚钱的意识和能力

在女儿面前，父母不要羞于谈赚钱之道，而是大方地与女儿分享自己的赚钱心得，并且在家里为女儿创造赚钱的机会。父母可以制订“做家务付报酬”的方案，让女儿在做完自己的事情之后，可以适当帮助父母做一些家务，并依据劳动强度的大小来支付酬劳，比如洗碗之类的家务活，这时候，报酬要支付得合理，让女儿明白自己所挣的钱与工作强度是成正比的。在这一过程中，培养她赚钱的意识和能力，也让她更加珍惜来之不易的财富。

方法三：让孩子学会理财

逢年过节，孩子都会有一笔不小的收入，如何来支配这些钱财呢？这就需要父母正确引导。父母可以把其中的大部分作为“教育基金”，在银行为女儿建立小金库，父母可以把女儿平时学习上的开销从小金库里支出。若还有剩余的，则定期购买稳定的成长基金，做长远的理财投资，并把这方面的理财知识慢慢地告知女儿，让她享受理财投资带来的成功乐趣。

另外，父母还要让女儿学会管理自己的零花钱，培养她的金钱意识，教给她对金钱的支配能力。在这一过程中，父母对女儿的支出要进行监督和引导，让她学会记账，告诉她哪些地方是该花的，哪些地方是不该花的。作为父母，让女儿学会管理自己的零花钱，这也是对她理财教育的一部分。

方法四：让女儿正视贫富的差距

许多人把高消费当成一种骄傲的资本，这样一种消费观念势必产生一种攀比之风。即便是读小学的孩子，她们也懂得谁家比较有钱，谁家没有钱，在外界的影响下，不少孩子不能正视贫富之间的差距，总是认为“凭什么他们家就有钱，我们家就比较穷呢”。有时候，孩子也会在家里说某某同学又买了什么东西，话语间隐约透露出心里的不平衡。遇到这样的情况，父母可以把家里的经济状况如实地告诉女儿，让她正视社会的贫富差异，让她试着理解人们因为不同的分工，造成了有的人收入高一些，有的人收入低一些，但只要是自己劳动所获得的报酬就是光荣的。这样让女儿逐渐摆脱金钱带来的困扰，能够正视自己的经济状况。

方法五：培养女儿勤俭节约的习惯

有的孩子认为金钱是很容易得到的，所以，她们花钱总是大手大脚的。有的父母抱着“宁愿自己吃苦，也不愿苦了姑娘”的心态，对女儿的不合理消费总是给予满足，其实这是害了孩子。节俭是一种美德，在对女孩的教育中，父母要把这样一种观念传递给她，让女儿明白钱是来之不易的，让她懂得节约，培养 她勤俭节约的习惯。当然，在这方面父母也要做好榜样，合理支配家庭收入，女孩通过耳濡目染，就会逐渐养成一种节约的习惯。

父母对孩子的知心话：

孩子，爸爸妈妈很想把最好的一切都给你，但最终还是忍住了。并非是我们舍不得，而是希望你从小能明白赚钱的不易，明白世上没有什么东西可以轻易获得。只有从小有了“钱”的概念，你长大后才不会被“钱”所迷惑。真正认识了“钱”，你才能成为它的主人，而不是成为它的奴隶。

适当施压，有压力才有动力

事实上，压力会伴随我们的一生，任何人都无法避免。人们常说：有压力才有动力。的确，任何一个活在没有压力环境下的人，会很颓废、消极、懒惰，因此很难有进步，如同没有落差的水一样，不会流动。

一个人承受压力的能力是有限的，当压力过大的时候，人的身心就会发生一系列的反应，甚至陷入非常糟糕的状态之中，影响正常的生活。尤其是女孩，身心都处于快速发展之中，承受压力的能力还很弱，但是命运并不因为女孩的弱小就特别偏爱她。那么，既然压力不能完全消除，如何才能与压力和谐共处呢？作为父母，要想提高女孩的能力，一定要从小给她适当的施压，然后再教会女孩如何把压力转化为动力，这样她在成长的道路上才能始终活力满满，斗志昂扬。把压力转化为动力之后，压力就不再是压力，尽管压力没有消除，却以动力的形式出现，也许还会促进女孩的成长呢！

乐乐从四年级开始练字，到五年级上学期，书法老师建议她直接报名参加四级考试。对于老师的信任和鼓励，乐乐却感到巨大的压力。因为很多练字比乐乐更早的孩子，只是从二级开始考，到现在也才考三级呢，乐乐完全不确定自己能否通过四级考试，也很害怕妈妈会失望。看到乐乐犹豫不决的样子，书法老师大力鼓励乐乐，并且让乐乐回家征求妈妈的意见。没想到，妈妈在听到书法老师的建议后，当即表态让乐乐接受老师的安排，努力冲刺考四级。乐乐为难地说："但是，还有20多天就要考级了，而我每周顶多练习两次书法。"妈妈语重心长地对乐乐说："没关系的，只要你尽力而为，不管结果如何，妈妈和爸爸都会支持你的。"

妈妈的话仿佛给乐乐吃了一颗定心丸，她决定把压力转化为动力，努力练习，进行考级前的冲刺。经过七八次全力以赴的练习后，乐乐果然顺利地通过考试。看着乐乐兴奋不已的样子，妈妈抓住时机鼓励乐乐："乐乐，你太棒了。你只要相信自己，就一定能够做到。"

事例中，在妈妈的鼓励下，乐乐仿佛吃了一颗定心丸，因而不遗余力地激发出自己的所有能量，全力以赴准备等级考试。正是因为这样的坚决和勇气，也知道自己没有退路，更知道爸爸妈妈永远都支持自己，乐乐才会突破自我，取得成功。

每一份压力，都意味着一份动力。父母唯有坚持鼓励女儿，女儿才能从父母那里得到力量，也才有勇气承受压力，把压力转化为动力，从而使人生变得与众不同。现代社会，每个人都承受着巨大的压力，父母定要引导女孩与压力和谐共存，而不要觉得压力难以承受，对压力产生抵触和排斥的心理。

人们常说："井无压力不出水，人无压力难成器。"的确，女孩更需要父母的支持，如果父母寄予女孩一定的期望，给女孩适度的压力，她会感受到父母的关爱和鼓励，在建立自信心的同时，把它们内化为前进的动力，这对于挖掘女孩的潜力大有益处。

科学研究表明，人只有5%的潜能得到了开发、运用，剩下的潜能还有待开发。适当的压力能够调动女孩的积极性，让她们变得更自信，激发孩子无穷的潜能，锻炼她们的能力。

所以，父母们要适度地给女孩增加一些压力，按照成长的不同阶段进行调节，使女孩在张弛有度的环境中茁壮成长。

方法一：父母要给女孩合理的期望

女孩的压力就是父母的期望值，压力的大小取决于女孩父母。如果期望值过高，不切实际，女儿的自信心受挫，开始怀疑自己、轻视自己，产生失望情绪，放弃努力，最后自暴自弃。如果期望值过低，对女儿不予理睬，她会放松心态，变得消极颓废，缺乏上进心，自甘落后。因此，父母要根据女儿的实际情况来确定自己的期望值，她稍加努力后就能实现的就是最好的期望值。

与此同时，有了恰当的期望之后，孩子需要一步步地实现它。俗话说“一口吃不成大胖子”，父母千万不要急于求成，要调整自己的心态，只有自己先平静起来，这样女儿才能够轻松。父母不要要求她一步到位，留给她喘息的空间，让女儿脚踏实地、一步一个脚印地往前走。

方法二：施压的同时，给女孩相应的支持和鼓励

实际上，女孩的承受能力很多时候取决于父母的支持和鼓励。如果女孩的成长既没有压力也没有支持，她很难有什么出息。因为她没有足够的压力推动她前进，没有相应的支持鼓动她努力，她的潜力发挥不出来。除此之外，女孩处于高压而又缺少支持的情况下，结果将会是一事无成的。假如女孩处于低压且支持巨大的情况下，结果还不是很乐观，她就会变得沾沾自喜，好高骛远，根本不可能成功。

女孩的成长需要压力，同时也需要父母的支持。适当的压力与支持，可以让女孩在前进的过程中有勇气、有信心地接受挑战、战胜困难。对女孩的支持不一定表现在具体某件事情上，而是用恰当的方式让她感受到父母的关爱，例如，温和的语气，身体的接触，向她传达关心，缓解她的压力，帮助其建立自信。

方法三：父母一定要明白：施加压力不是虐待心灵

父母给予女孩适当的压力是正确的，但是这和虐待孩子是两码事。在我们周围经常发现，父母为了让女儿进步，采用讽刺、挖苦、嘲笑、威胁，甚至恐吓的方式，事实上这是对女孩幼小心灵的摧残，这种做法会给女孩的心理造成巨大创伤，她时时刻刻处在对自己的否定当中，觉得自己一无是处，久而久之，性格会变得自卑、内向、焦虑、压抑，心灵会发生扭曲、变态。这样别提什么提高学习成绩了，就连基本的身心健康都得不到保证。

所以，父母应该给女孩足够的爱和尊重，关心她，理解她，以平和的心态、温和的语气与她相处，和她交朋友，一同分享欢乐，分担痛苦。这样女孩的表现会与以前大不相同。

父母对孩子的知心话：

孩子，你要明白，压力就像空气，没有人能在真空中存活，所以说人的一生不可能没有压力。曲折的人生道路，入学、升学、就业、升迁，你成长的每一个足迹都是压力催生的产物。没有压力，你的一生就会平淡无奇。生命原本是丰富多彩的，任何人都不愿意自己的生活一成不变。因此，爸爸妈妈要让你懂得在尽情享受成功的喜悦时，应当感谢当初令人头疼不已的压力。在品尝一帆风顺的快乐时，也要欣然接受压力带来的痛苦和磨炼。

女孩子，需要的是勇气而非娇气

现实中我们时常会看到这样的场景：

一个女孩因为怕黑，不敢一个人睡，非要妈妈陪她一起睡。

看见地上有只蟑螂，小女孩吓得大哭起来。

一个小女孩因为做错了一件手工作品，无论父母怎么鼓励，她都不肯再尝试第二次。

舞蹈训练课上，老师批评了女孩，说她跳得不好，腰的柔韧度不够，女孩听后很受打击，回家后告诉妈妈再也不去舞蹈班了。

……

很多父母平时不注意对女儿勇气的培养，他们认为女孩不需要有勇气，而需要有娇气，只有娇气的女孩才会有福气。其实，这是完全错误的观点，无论是男还是女都生活在一个竞争激烈的社会中，没有了勇气，就等于丧失了生存的资本。如果父母希望女儿过上幸福的生活，就要培养女儿敢于面对各种问题的勇气。

方法一：父母不要助长女儿的胆小

姗姗天生就胆小，为了锻炼她的胆量，爸爸便挑了一个阳光灿烂的日子，全家人一起去登山。

果然，面对凹凸不平的山路，姗姗显得很紧张，她一步一回头，不停地看着爸爸，很想让爸爸把她抱上去。但姗姗的爸爸故意视而不见，只是自己不停地向上爬。其实，爸爸心里很清楚，女儿是完全有能力爬上去的。

但姗姗的妈妈非常担心，她怕女儿摔下来。为了保护女儿的安全，她一刻也不离女儿的左右，要不是爸爸的坚持，她早就把女儿抱起来了。姗姗看出妈妈的紧张，她再也不肯往上爬了。无奈之下，妈妈把姗姗抱上了山，这个锻炼孩子胆量的机会由此宣告失败。

如果不是姗姗的妈妈一直表现出提心吊胆的样子，姗姗是完全可以爬上山的，这本来是一次她认识自己能力的机会，可是这个机会却被过度担心她的妈妈给善意地破坏了。

可见，要想让女儿勇敢，首先就要锻炼她的胆量，妈妈要给她提供锻炼的机会。当女儿表现出胆小、怯懦时，妈妈应该以一种自然平常的心态面对女儿，然后告诉她事情并没有她想象中的那么可怕，相反，她可以凭借自己的勇气和能力去克服困难。

方法二：给女儿树立勇敢的榜样

父母的言传身教对女儿胆量的培养最有效，当女儿看到父母在面对困难时敢于迎难而上，想尽办法去克服，那么女儿也会有积极的心态，变得越来越勇敢。

周静原来是一家工厂的副厂长，因为工厂转型离职了，曾经风光的她很难接受这种变故，每天在家里都垂头丧气，有人来看她，她除了向人家诉苦就是向人家抱怨，说自己为厂子奋斗十几年就落了这么个下场，惨啊！她逢人就诉苦，还经常对女儿说："咱家现在变了，妈妈不再是厂长了。"女儿看到妈妈整天愁苦不堪的样子，也对生活失去了希望，没有了学习的动力，成绩一路下滑。

张鑫原来也是一家企业的领导，后来因故离职了。但是她没有选择就此消沉，经过再三考虑，她决定从头开始，开办养殖场。万事开头难，开始的阶段因为经验不足，养殖场走过了一段很艰苦的路，一度到了破产的边缘，但是在丈夫的支持下，经过几年的艰苦努力，张鑫的养殖场已经初具规模，办得有声有色。她的女儿在妈妈的言传身教下，也懂得了勇敢面对的真正含义，无论遇到什么困难，都会像妈妈那样不妥协不放弃，勇敢面对。

同样的困难，不同的选择，那么结局也就会不同。其实，女儿在困难面前是勇敢还是妥协，往往取决于妈妈的言传身教，所以只有妈妈本身勇敢，女儿才能学会勇敢。

方法三：切忌给女儿贴上"胆小鬼"的标签

现实生活中，如果父母对女儿采用积极的心理暗示方式，例如，鼓励、赞扬、肯定等，那么女孩自然会变得自信、勇敢、坚强；相反，如果父母采用的是消极的心理暗示方式，例如，嘲讽、批评、否定等，那么女孩自然会变得懦弱、胆小、沮丧。所以，如果家里有一个本就胆小的女孩，父母千万不要对她说"怕什么，你真是个胆小鬼"这类话，而应帮助和鼓励她勇敢面对困境。

父母对孩子的知心话：

没有人是天生的强者，也没有人是天生的弱者。作为女孩，你一定要树立女子当自强的观念，在关键的时刻挺身而出，并以实力证明自己。记住，只要不断地突破和超越自己，真正成就自己，你一定会活出属于自己的精彩人生。

面对困难，露出灿烂的微笑

在人的一生中，都会遭遇到很多困难。能否微笑地面对困难，在于你所遭遇困难的次数。经历的事情越多，你往往就会越成熟，更加懂得处理和解决问题的办法。多吃点苦，才能在面对困难时，拥有面对它的勇气。别害怕挑战和难题，因为难题越多，越能找出解决方法；更别担心困境，只要我们有突破困境的信心，再险恶的境地我们都能安然渡过。对于女孩而言，成长中的困难只是暂时的，只要女孩能够迎难而上，勇敢地消除困难，获得成长，再回头来看这些困难，就会发现，那些曾经横亘在眼前的高山，原来只是一个个小土堆。所以，最重要的在于，女孩一定要有强大的内心，并且要有绝不屈服的精神，这样才能做到迎难而上。

女孩因为面对困难的次数少，因此很多情况下当困难来临时，她们不知如何应对；当困难“袭击”了她们，她们也只能痛苦的倒地或者赶快逃避。这时，父母就应该起到教导作用，告诉女儿：困难并不可怕，只要你有信心，再难的事情，你也可以从容地化解。

放学路上，刘芳的心情很沉重，她克制着，不想让自己的眼泪落下来。可是，刚才那一幕情景就像录像一样出现在她的眼前：上课铃响了，老师笑吟吟地走进了教室，对下面的同学说："这节班会课是竞选班干部……"老师的话还没说完，大家就叽叽喳喳地议论起来。刘芳虽然没有说话，但心里却像吃了定心丸，心想："凭我当了几学期中队长的资历，再加上上学期又是三好学生，这中队长我是当定了。"刘芳只是静静地坐着，听着几位"自告奋勇"的同学的发言，不禁有点儿羡慕她们的勇气。突然，老师点了刘芳的名字，她站起来愣了一下，支支吾吾地说："我决心——继续当中队长。"老师听了也笑了。她正在得意，谁知同班男生王伟也嚯地一下站了起来说："我也想竞争中队长。"刘芳看到王伟的脸都涨红了，感觉到他内心一定非常激动。老师挥了挥手说："下面给你俩 15 分钟时间，说一说搞好中队工作的设想，然后再进行投票选举。"结果，王伟以绝对优势的票数当选了中队长，刘芳苦着脸，勉强拍了几下手。

放学路上，妈妈拍着刘芳的肩膀说："今天咱们小芳真勇敢，可以表达出自己想当班干部的想法了。"原来妈妈已经在老师那里知道了事情的经过，不料这一句话说到了刘芳的伤心处，她强行忍住了要掉下的眼泪。妈妈又说道："咱都是大姑娘了，要坚强，不应该哭鼻子的，那上次你当选了中队长，其他同学有没有像你一样泄气？"刘芳想了想，摇摇头。妈妈又说道："就是啊，可能上次王伟同学也想当中队长呢，但他并没有泄气，反而继续努力，赢得了同学和老师的支持，你也要继续努力学习，积极配合王伟同学的工作，做一名合格的少先队员。"刘芳不言语。妈妈又说道："这次你没有被选中，那肯定是你身上有了不足的地方，你现在需要做的是检查自己身上有哪些不足，然后积极改正，在下一次竞选中拿出自己绝对的优势，好吗？”刘芳点点头。

如果女孩养成了凡事喜欢依赖父母的习惯，那么当女孩准备进行一项活动的时候，就经常会听到她在尝试之前就泄气地说：“我不会。”她们在遇到困难时就灰心丧气，有的女孩还会选择逃避。时间长了，她们就变成了惧怕困难的孩子。面对这样的情况，父母也很着急，但却不知道该怎么办，有的父母直接帮助女孩解决困难，他们以为这就是对孩子好。其实，当女孩遇到困难的时候，需要的是战胜困难的能力，而不是父母的大包大揽。因为在她们成长的过程中，随时都会遇到困难，总有一天需要她独自去面对困难、战胜困难。所以，父母应该有意识地培养女孩战胜困难的能力。

方法一：引导女孩正确评价自我

每个女孩都有自己的长处和短处，父母应该给予客观正确的评价，如果你只看到女儿的长处，她就会在赞赏的目光中骄傲自满，对自身的不足缺乏认识，不能接受失败；如果父母对女儿充满了过高的期望，会增加她的压力，伤害她的自尊。这样不能正确评价自我的女孩缺乏一定的自信，她们会选择逃避困难。因此，父母应该引导女孩正确评价自我，让她对自己实现目标过程中可能遇到的困难有所预测，这样，女孩对战胜困难就有一定的心理准备了。

方法二：放开女孩，让她去做自己能做的事情

有的父母对女孩过分溺爱，事事包办代替，这样会让女孩养成娇弱的性格特点，以至于遇到困难就不知道怎么办了。所以，父母应该放弃大包大揽的做法，放开女孩，让她独立去完成自己能做的事情。比如，女儿在学习上遇到了困难，父母应该鼓励她们自己去思考、解决问题，让女孩在生活中逐渐学会独自面对一些问题，包括人生路上的挫折和困难。

方法三：给女孩树立榜样，培养她战胜困难的信心

心理学研究表明，父母的榜样对孩子行为的形成和改变有着显著的影响。如果父母给孩子树立了不畏困难、战胜困难的榜样，就有助于增强她面对困难和挫折的信心，让女孩明白世界上并没有唾手可得的成功，而是需要不断地战胜困难，才能获得最后的成功。在日常生活中，父母可以给女儿讲述一些名人战胜困难的故事，让她以这些名人为榜样，培养其战胜困难的能力。当然，女孩最好的、最直接的榜样就是父母，“身教胜于言教”，父母对待困难的态度和行为会潜移默化地影响女孩的态度和行为。

方法四：适当批评，培养女孩战胜困难的能力

父母在与女儿一起玩游戏的过程中，总是喜欢让着孩子，让她取得胜利，结果却让女儿养成争强好胜、自以为是的心态，一旦她遭遇了困难，就会丧失信心。所以，父母需要对女孩进行适当的批评，指出她身上存在的缺点和不足之处，偶尔也让女儿尝尝失败的滋味，让她学会自我调节。

方法五：鼓励女孩战胜困难，培养她战胜困难的勇气

有的女孩在遭遇困难的时候就产生消极情绪，她们往往会垂头丧气，甚至选择逃避的方式。其实，要想女孩能够独立战胜困难，就要培养她面对困难的勇气。当她在面对困难的时候，父母可以引导她正确面对、勇敢面对，向困难发起挑战。当女孩害怕去做一件事情的时候，父母应该鼓励孩子：“别怕，你一定能行的！”不断地给女儿打气，培养她战胜困难的勇气。

父母对孩子的知心话：

女孩，你的名字不是弱者。越是在困难面前，你越是应该擦干眼泪，勇往直前，因为，在战胜困难的过程中，你一定能够突破和超越自己，也能够最大限度地成就自己，创造生命的辉煌。

第六章

远离负面情绪，做健康快乐的女孩

警惕孩子抑郁，陪伴孩子快乐成长

近年来，抑郁症越来越多地出现在人们的视野之中。有些孩子因为患上抑郁症，内心郁郁寡欢，在生活和学习上都面临很大的障碍。而有些成人因为抑郁症的侵扰，甚至产生轻生的念头，乃至做出轻生的举动。不得不说，抑郁症这种心理疾病，对人的情绪状态的影响还是非常大的。

女孩进入青春期之后，因为身体内会分泌大量的雌性激素、孕激素等，情绪也会处于波动之中，更容易受到忧郁情绪的困扰。其实，忧郁在青少年的心理状态之中非常普通和常见。心理学家提出，人在一生之中有三个时期很容易受到抑郁症的侵扰，那就是在青春期末期、中年阶段和老年阶段。尤其是女性，在情绪方面更容易出现各种复杂的变化，因此，和男性相比，女性更有可能患上抑郁症。

作为父母，当发现女孩的情绪状态不同寻常时，我们不要觉得女孩是在耍小性子、任性妄为，而是应该思考女孩的忧郁情绪到底为何出现。人是情感动物，每个人在成长的过程中都会有各种各样的情绪。当人生不如意的时候，当遭遇坎坷挫折的时候，情绪忧郁是正常的。对于心理强大的人来说，他们很快就能够战胜忧郁情绪，通过自我调节而恢复自信和乐观，但是，对于生性悲观的人而言，一旦陷入忧郁的情绪之中无法自拔，就会郁郁寡欢，甚至因此影响行为举止。严重的抑郁症，甚至还会危及患者的生命，所以，不论是父母还是女孩，对于抑郁症都要引起重视。

郝静是一个事业有成的成功女性，然而，上小学的女儿桂桂却成了她的心病。当初，郝静为了打拼自己的事业，将刚出生3个月的女儿交给自己的老人照顾。夫妻俩一心扑在工作上，有了自己的家业，才把女儿接回身边。一家人团聚时，桂桂已经是一年级的小学生了。

没有照顾小时候的女儿，郝静常为此感到歉疚，作为一种补偿，郝静对女儿几乎是有求必应。然而，即使这样，桂桂还是对郝静很冷淡，平日里几乎没有话跟妈妈说。

过了不久，照看桂桂长大的姥姥去世了。桂桂显得很伤心，在追悼会上，她像发了疯一样哭闹，回到家，她就躲进自己的房间，一整天都不吃不喝。

为了让女儿开心起来，郝静专门为孩子买了新房子，给女儿转到全市最好的小学，可一切都无济于事。桂桂总是郁郁寡欢，经常把自己的房间弄得乱七八糟。最近，桂桂不愿去上学。妈妈向老师了解情况，老师说桂桂上课总是心不在焉，还和同学发生冲突，居然用裁纸刀差点儿把同桌扎伤。

郝静感觉很震惊，回到家就对女儿大发雷霆。面对妈妈的叫喊，女儿仿佛没听见，眼神里那份与年龄极不相称的漠然让郝静感到不寒而栗。

苦恼不已的郝静带女儿来到心理门诊，从医生那里，郝静得知女儿的不正常行为属于“儿童抑郁症”。

孩子常会因为各种原因产生抑郁心理，例如家庭因素、心理因素、经历因素、环境因素和遗传因素等。引起孩子抑郁的原因不是单一的，当孩子的心理发育滞后于生理发育时，便会引起生理和心理上的不协调，所以，孩子产生各种心理问题就不足为奇了。

孩子抑郁的表现常常因人而异，有的是情绪异常或是行为问题。父母一定要留心孩子的心理发展走向，绝不能让抑郁阻碍了孩子的心理健康。同时，父母要采取正确的措施，帮孩子消除抑郁心理，让孩子顺利地成长。

方法一：父母不管在什么状况下，都要在孩子面前表现出阳光的一面

孩子正在成长，他们的心智正在发育中，父母不能因为孩子抑郁就产生烦躁、厌弃的情绪。父母作为成年人，应该相对理性一些，正确地认识自己的责任，学会用开朗的心态去感染孩子，引导孩子健康成长。

方法二：父母应该鼓励孩子积极地与人交往，鼓励和帮助孩子结交朋友

比如，邀请同学来参加聚会，把自己的玩具带给同学分享，让孩子在友情中获得快乐。作为父母，不要总是担心孩子在与同伴交往中会吃亏、会受伤，而是要培养孩子的合作意识，让孩子学会融入集体中。

方法三：父母可以带孩子一起参加一些运动项目

这样不仅可以强健孩子的身体，更重要的是，让孩子经常和同龄人玩耍，有助于他们培养人际关系，从而让孩子变得更加积极主动，造就孩子合群的性格。

在现实生活中，父母应该给予女孩更多积极的引导和帮助。很多父母常常在孩子面前说一些负面的话，这都会在无形中给予女孩负面的影响，甚至会导致女孩的人生观发生扭曲。人活着固然要经历很多痛苦的事情，但是，所得到的快乐和幸福也是非常多的。对于人生，唯有怀着积极的态度，才能渡过难关，最终柳暗花明迎来又一村。

父母对孩子的知心话：

孩子，人生不如意十之八九，每个人在生命的过程中都会遭遇各种不如意，最重要的在于采取怎样的态度面对生命。记住，没有人的一生是完全顺遂如意的，我们必须鼓起勇气，才能够在与人生博弈的过程中获胜，才能够真正成为命运的主宰。

嫉妒是人心灵的毒瘤，切除方可快乐成长

常言道，有人的地方就有江湖，而有江湖的地方就有无休无止的比较。很多人都喜欢与他人进行比较，这是因为他们内心深处缺乏自信，所以，一旦受到他人的评价或非议，他们就无法保持淡定，乃至奋不顾身地投身于比较之中，或者因为胜出而扬扬自得，或者因为在比较中显现出劣势而沮丧、落魄。不得不说，这样的人没有独立的内心，他们的人生很容易受到外部环境的影响。

在女孩中间存在嫉妒心理，父母的娇惯也在一定程度上养成了她们以自我为中心的心理，认为所有的人都应该向着自己、关注自己，好东西都应该是自己的。心理调节能力差、社会经验不足、过分羡慕他人、渴望得到师长重视和周围人的羡慕等，这些都是造成女孩嫉妒心理的因素。

云溪和小文是一对很好的朋友。小文的作文写得很好，而且总是被老师抽出来当作全班的典范来讲解，这让云溪很不高兴，对小文产生了嫉妒的心理，总是当着小文的面，叫她“大作家”，弄得小文很尴尬。而在背地里，云溪也常和别的同学说，小文专门请了一个家教，她的作文都是家教帮着写的。因

为云溪总是这样诋毁小文，让别的同学对云溪也很反感。后来，大家都渐渐疏远了云溪。

云溪的妈妈得知了这些情况后，觉得不能再让云溪这样做了，否则对自己、对同学都会产生不良的影响。妈妈告诉云溪："你嫉妒小文的作文写得好，那你应该努力提升自己的作文水平，多向小文请教，向小文学习才对。你这样嫉妒小文，靠讽刺、挖苦小文来发泄，你的作文水平也没有办法得到提升，而小文的作文水平也不会下降，这又有何意义呢？"

云溪听了妈妈的话，觉得很有道理，于是就按照妈妈的说法去做，每天找小文，和小文一起写作业，虚心向小文请教如何提高作文水平，学习小文和其他同学的长处。慢慢地，云溪的作文水平也提高了，而且和小文及其他同学的关系也逐渐好转。不久之后，云溪的作文也受到老师表扬了。

云溪深有感触地说道："嫉妒不会解决任何问题，只会造成很多困扰。我们应该学会尊重对手，学习对方的长处，只有这样，才能使自己取得长足的进步。"

很多女孩，当她们看到别人有自己所没有的东西，包括衣服、玩具，甚至是受欢迎程度和能力等，都可能会诱发嫉妒心理。有些妈妈认为，这种表现会随着孩子年龄的增长而自然消失，但教育专家指出，过分嫉妒会影响女孩正常的心理发育，使她们在自己与别人的对比中感到自卑，妨碍孩子的自信心和自尊心的建立。

通常来说，只要很好地教育引导，便可以将女孩的嫉妒转变为动力，激发她发奋上进，培养其健康的性格和良好的品德。相反，如果不能很好地引导，就可能影响孩子的健康成长。那么，父母应如何帮助女孩远离嫉妒呢？

方法一：关注女孩的暗示，并表示同情和理解

小女孩很难控制自己的情绪，对于父母来说，观察女孩的行为方式、掌握女孩的情绪趋向并不难。当女孩嫉妒心理爆发的时候，她的行为经常会出现相应变化，如搞破坏、哭泣或者说嫉妒对象的坏话、爱打小报告等。有时嫉妒心理也会反映在女孩的心理和身体方面，如难过、焦躁、情绪低落、胃疼、浑身无力……这时，父母需要对女孩表示同情和理解，并倾听女孩内心的想法。

一天，爸爸带着6岁的儿子玩秋千，站在一边的4岁女儿委屈地哭了起来，这时妈妈走过来对女儿说："看，爸爸一直陪着哥哥玩儿，把我们都冷落在一边了，这真不公平，对不对？"女儿点点头。于是，妈妈便对她说："我知道你嫉妒，是不是？不过这没什么。你看，妈妈现在不正陪着你吗？"接着，妈妈开始安抚女儿的情绪，不一会儿，女儿就开心起来。

当女孩嫉妒心爆发的时候，她们需要的往往不是欲望的满足，而是父母耐心的倾听以及对她们内心感受的理解。所以，父母应该时刻注意这一点。

方法二：尽量不要拿女儿与别的女孩进行比较

很多妈妈可能注意不到，在你谈论其他孩子时，一句无心的话，或者只是一个微笑、一个眼神、一个耸肩的动作，甚至抬一抬眉毛，都可能被女儿解读为比较。尤其当她们自认为在某方面没有别人做得好的时候，就很容易引发对他人的嫉妒。

有一个妈妈就曾遇到这样的情况：

一天，我跟秋秋妈妈说，秋秋的卷发很可爱，可惜我女儿的头发是直的。没想到，第二天，我女儿就要求我带她去美发厅把头发烫成卷发！我一下子意识到是自己的评价引发了女儿的嫉妒心。之后，我再也没有评价过女儿的头发，同时非常注意不拿女儿和别的孩子做比较。

方法三：帮助女儿发现自己的长处

缺乏自信心的女孩总喜欢强调自己的弱点，而那种低人一等的感觉更容易引发她们的嫉妒心理。因此，妈妈必须帮助女儿建立自信。如女孩在音乐方面有天赋，妈妈就应该多多鼓励；每当女孩自己解决了一个问题或者取得了一点儿进步，哪怕只是背会了一首唐诗，妈妈也应该让她知道你注意到了，并且为她而感到骄傲。有关专家指出，当女孩为自己感到骄傲的时候，她更容易接受别人在某方面得到比自己更多的关注。这种自信不但可以帮助女孩克服嫉妒心理，更有利于她塑造自我，这才是真正值得别人艳羡的资本。

父母对孩子的知心话：

嫉妒是人心里的毒瘤，爸爸妈妈希望你能够快乐地面对生活。每个人都有自己的优势和长处，你的身上也一定有值得别人赞美的地方。不管是内心产生对别人的嫉妒，还是不知不觉中成为别人嫉妒的对象，都不是一件让人感到愉快的事情。爸爸妈妈希望你能够不卑不亢、做好自己，而不要因为别人随意的评价就迷失方向、方寸大乱。记住，你的人生你做主，你一定要活出属于自己的精彩人生！

战胜自卑，自信的女孩最美丽

青春期女孩的心理问题很多，除了嫉妒等负面情绪之外，她们常常陷入自卑的情绪之中。心理学家指出，在青春期阶段，很多女孩都会被自卑所困扰。那么，青少年为何会感到自卑呢？从人生的角度来看，每个青少年都正处于意气风发的青葱岁月，原本应该充满信心、神采飞扬，为何会时常感到自卑呢？

自卑的人各有各的原因。通常情况下，青春期男孩更在乎身高，所以，个子较矮的男孩，他们会因为自己在身高上没有优势而感到自卑。女孩和男孩截然不同，女孩除了追求好身材，还更在乎容貌、皮肤、学习成绩、家庭环境等。女孩自卑的原因更加复杂，情绪也更容易出现波动。

在女孩的青春期，父母要更加关注女孩的情绪状态，及时提醒女孩注意自身的情绪变化，这样，女孩才能把握好心理状态，才能够及时感知情绪的动向，从而消除负面情绪，怀着积极的心态去面对生活。

自卑感在产生之后就会如同重感冒一样蔓延，不但对女孩的生活产生巨大的影响，而且会导致女孩的自我认可越来越低，使得女孩处处自我否定，甚至在与人相处的过程中封闭自己、关闭心扉。可想而知，对于青春期女孩而言，长此以往，她们必然会对人生产生不切实际的幻想和抱怨，也会对未来感到非常沮丧。

美国作家艾里姆夫妇在《养育女儿》中解释了其中的原因：女孩非常注重人与人之间的关系，她们在做一件事之前，常常会考虑周边的关系，从而变得患得患失、犹豫不决。正因为如此，她们有时可能无法建立起足够的自信心，并且容易迷失自己。

一个人是否自信，不是天生的，而是后天养成的。当一个女孩子总是获得表扬、获得成功，她的自信心就建立起来了。在孩子小的时候，她们没有分辨能力，非常相信父母对自己的评价。所以，我们对女儿要多鼓励、少批评，逐渐建立起女儿的自信心。

妈妈正在择菜，5 岁的女儿凑过来对妈妈说："妈妈，让我来帮你择菜吧。"妈妈怕女儿择不干净，对女儿说："宝贝，你还小，择不干净，还是去玩儿吧。"

吃过午饭，女儿看到妈妈正在洗衣服，对妈妈说："妈妈，让来帮你洗衣服吧。"女儿刚想凑过来，妈妈一把抓住她说："你别过来，要不然会把衣服弄湿的。宝贝听话，还是去一旁玩儿吧。"

看着妈妈一副"不可以"的样子，女儿只得委屈地走到一边。

上面这个妈妈的做法是不对的。这种做法会让女儿产生一种消极的想法：妈妈认为我什么都做不好，我是不是很笨啊？慢慢地，女儿会越来越怀疑自己，从而对自己丧失信心。

遇到上面这种情况，妈妈应该真诚地鼓励孩子：“宝贝，你这么小就知道帮妈妈做家务，你真棒。”然后再教女儿怎么做。此外，我们还可以主动让女儿去做一些力所能及的事情，等她们做好的时候再给她们一定的鼓励。由于常常得到妈妈的鼓励并能够圆满地完成任务，女儿不仅会养成爱劳动的好习惯，还会逐渐培养起自信心。

除了多鼓励外，作为父母，我们要告诉女孩金无足赤、人无完人的道理，也要告诫女孩不要一味地看到自己的长处而妄自尊大、扬扬得意，也不要总是看到自己的短处而感到非常自卑。女孩只有客观公正地认识自己，中肯地评价自己，才能够给予自己更好的未来。正所谓天生我材必有用，女孩一定要认识到自身的价值，如此才能绽放生命的精彩。尤其需要注意的是，不要拿自己的缺点和别人的优点进行比较，因为这样的比较本身就是不公平的。对于自卑的女孩而言，这种不公平的比较更容易令她们陷入沮丧的情绪之中，无法自拔。

正确的比较方式不是进行横向比较，而是进行纵向比较。例如，拿自己的现在与此前比较，看看今天的自己比昨天的自己是否有进步；也经常反思自己，看看自己是否弥补了缺点，有了更好的发展。总而言之，青春期女孩常常对自己缺乏正确的认知，父母要慎重地评价女孩，因为，当女孩自我认知能力不足的时候，她们往往会因为信赖父母而把父母对她们的评价作为自我评价。由此可见，父母在女孩面前一定要更加慎重，必须经过仔细的思考再对女孩发表评价，否则就会对女孩起到误导的作用。

要想消除自卑，女孩一定要有更强大的自信力，这样才能在遭遇坎坷挫折的时候不断激励自己努力奋进。所谓自信，体现在生活中的很多细节上。有的女孩在课堂上从来不敢举手发言，甚至被老师点名站起来之后也依然不敢出声。虽然发言只是学习方面一个很小的细节，却能够表现出女孩的勇气和信心。还有的女孩有强烈的嫉妒心理，每当看到别人更加优秀的表现时，她们心中嫉妒的毒瘤就会肆意生长。若女孩总是陷入对他人的嫉妒之中，她们就会更加被动，也会因此而情绪消沉。青春期的女孩一定要保持自信，这样才能坦然地接纳自己，才能从容地面对他人。

每个人都会有自己的优势所在，也会有自己不足的地方，只有客观中肯地认知和评价自己，只有坚持努力地进取，一点一滴地坚持进步，换取质的飞跃，女孩才能够不断地提升和完善自己，成就更加完美的自己。当发现自己陷入自卑的情绪之中时，一定要想方设法振奋精神，这样才能让自己拥有无穷的动力。

父母对孩子的知心话：

自信的女孩最美丽，你一定要努力发现自己的优点。你也许不是最漂亮的，但你是最可爱的；你也许不是最美丽的，但你是最自信的；你也许不是最优秀的，但你是最与众不同的。总而言之，每个女孩都有自己的优势和长处，也有自己的缺点和不足，你既要看到自己的不足之处，也要为自己的优势而充满信心。唯有如此，你才能在成长的道路上更加自信，挺胸阔步努力向前。

拒绝女儿的任性行为，没有谁必须围着她转

有时女孩任性、执拗、不听话，往往令妈妈很头疼，以至于有的父母会答应女儿不合理的要求，以求得耳根清净；有的父母干脆采用冷落、打骂的方法，但这并没有达到预期的效果。

一个妈妈对教育专家这样描述自己的女儿：

我女儿柯灵聪明伶俐，对人热情，模样也很可爱。可是她有一个缺点——任性，无论在学校还是在家中，她都表现得非常任性，如果不依她，她就给你脸色看，不达目的不罢休。据老师反映，其他同学都好好地坐在教室里上课，只有柯灵常常逃课。等老师找到她后问她为什么要在上课时间不声不响地离开教室时，她就无所谓地说："我想出去就出去，你管得着吗！"和同伴一起玩儿的时候，因为女儿总想按照她自己的意思去玩，或让大家都听她的，如果别人不同意，她不是骂别人，就是在背后说别人的坏话，结果很多同学都不愿和她交朋友。

其实，女孩性格的形成与发展主要受到后天环境和教育的影响。不恰当的教育方法自然会让女孩变得任性。那么，有哪些方法可以改掉女孩任性的坏毛病呢？

方法一：正确运用冷处理教育法

12 岁的薇薇是一个非常任性的女孩。在家里，爸爸妈妈什么事都要依着她，要不然，她就会没完没了地吵闹下去。因为每天都长时间看电视，致使薇薇的眼睛有些近视，妈妈劝她多休息少看电视，她随口就说：“我想看就看，不用你们管！”前两天家里来了客人，妈妈做好饭后，让爸爸和客人先吃，把薇薇放到了后面。这下薇薇不高兴了，当着客人的面就摔了筷子，气得妈妈直跺脚：“你这孩子太任性了，真是快把我给气死了！”

其实，面对任性的女孩，可以使用冷处理教育法。女孩的固执任性往往是为了引起父母的注意，因为她知道父母疼爱她，她一发脾气或哭闹就会使妈妈心软，进而满足自己的要求。一旦她有了“看你也拗不过我”的意识，女儿任性的毛病就不容易矫正了。

女孩有时虽然很冲动，但她也懂得察言观色。当她看到妈妈态度坚决，自己的任性行为不起作用时，就会自动放弃自己的无理要求。这时，父母不妨抓住时机，对女儿进行引导，告诉女儿这种行为为什么是不对的和怎样做才是对的，并针对女儿任性的原因提出几条具体要求。当女儿能达到这几条要求时，就要适当满足她的某种合理要求，这样下次她再有要求就不会采用任性的方式了。

方法二：父母不要过分迁就女儿

有一个妈妈苦恼地对友人倾诉：

我 13 岁的女儿非常任性，经常不达目的不罢休。有一次走亲戚，女儿看到表姐有一块会闪光、又会发出音乐的手表，回家之后就缠着我买一块同样的手表。但当时已是深夜，不可能买到。女儿却并不理解，又哭又闹。“看见什么都想要，你太任性了！”我只好大声斥责女儿，没想到她哭声更大了，最后，我只好答应她第二天商场一开门就去给她买同样的手表。

现在很多女孩都是家里的“掌上明珠”，更何况在人们心目中，女孩就应该得到家人更多的爱护。所以在现实生活中，很多父母都过分娇惯和迁就自己的女儿，即使女儿提出一些不合理的要求也答应下来。正是父母无原则地迁就，让女孩形成了骄纵任性的心理以及行为定式。

因此，在和女儿相处时，父母应该与其“约法三章”：当女儿有了某种要求时，应该和父母讲道理，而不是用任性的方式，如顶嘴、哭闹、绝食等逼妈妈就范。如果女儿不同意父母的意见，可以和父母进行讨论，也可以请其他家庭成员发表看法，但是不能发脾气、要小性子。

父母对孩子的知心话：

孩子，以前太娇惯你，养成了你任性的性格，是爸爸妈妈的错误。爸爸妈妈会反省，认真思考如何对待你才是爱你。而你也应该有所反思，你若是一直任性地成长，你身边的朋友、同学，会像爸爸妈妈这样迁就你吗？你要明白，这个世界上，没有谁必须围着你转，没有谁必须迁就你、忍让你。你的任性，只会让你周围的人远离你。孩子，你需要改变任性的性格，懂得如何换位思考，站在别人的角度看问题，只有这样，你才会成为受欢迎的人。

告别猜疑心理，成为开诚布公的好女孩

女孩子的内心都很敏感，而敏感就会带来猜疑。所以，我们经常会看到小女孩因为一点小事受挫。弄得自己意志消沉，甚至不爱理周围的人，每日唉声叹气。具有猜疑心理的女孩子，会对世界上的各种事物感到怀疑、担心、害怕。

小萝是一个小学生，平时不怎么爱说话。最近，她总有种周围人和自己过不去的感觉，尤其是同班同学。有些同学在班里无意看了小萝一眼，小萝马上说对方："你看什么看？"看到同学在一起讨论话题，她就认为大家在讨论她；有的同学在下课时无意碰了她一下，她就觉得对方是故意和自己过不去。老师处理这些事情，小萝总认为老师在偏袒对方。

因为小萝猜疑的性格所致，在班里小萝一个朋友也没有。小萝感觉很委屈，认为自己很不幸，世上没有人喜欢她。

多疑的女孩儿往往臆测别人，整天就想些无中生有的事情，认为人人和自己过不去，都特别虚伪。

女孩子多疑是一种不健康的心理状态，在没弄清楚事实之前，自己就妄下定义，并且总是从消极面出发。女孩多疑总会主观性地想些无中生有的事情，别人无意识的行为被她们误认

为是对自己的敌意，从而造成和别人的矛盾。

有一天，同寝室的小冬在收拾东西时，不小心将一袋零食放在了旁边小月的床上。小月生怕弄脏了自己的床铺，就瞪了小冬一眼。其实小冬和其他同学并没有注意到这一情况。可是小月立刻后悔了，她怕其他同学看见，不巧的是，正好有一位同学抬头看小月，小月便不好意思地笑了笑。

接下来，敏感的小月非常担心，怕同学说自己太小气。于是，她小心地留意其他同学的反应，也不去上晚自习。看到她那一举动的同学正好又碰到了她："今天的自习你怎么又不去了呢？"小月认为这是让她走开，好和别人议论她刚才瞪眼的事儿。

第二天晚上，大家一起去吃饭，小月回来晚了，见其他人正说笑着，便认为她们一定彼此说好了，真的不理她了。小月总觉得别人用异样的目光看着她。她认为肯定是这个同学和全班同学说了这件事情，全班同学这下都认为她是个小心眼了。

小月的疑心病越来越重，听到同学们在笑，就认为他们是在笑自己。为此，小月整天坐立不安，因为她总想着别人在她背后说坏话。不久，小月患上了失眠性神经衰弱，学习成绩也下降了。

多疑会让女孩变得性格狭隘，无事生非，如果不及时纠正这种不健康心态，不仅难以维持人际关系，还会对身心健康产生消极影响。

一般来说，我们这章第一篇说的抑郁型气质的女孩子就生性多疑，她们有着细腻的情感，总能抓住别人不易发现的细节。

有些女孩爱猜疑则是出于消极的自我防御。她们曾经被别人欺骗过，为了防止这种伤害的再次发生，对任何人都不会轻易相信，与此同时还把别人往坏处想，久而久之，就形成了猜疑心理。

家庭环境也和女孩的心理猜疑有着密不可分的联系。如果家长是多疑的，并对自己的孩子持有不信任的态度，也会造成女孩的心理猜疑。

当女孩子形成猜疑心理，会严重影响其生活、学习和交往的各个方面。因此，父母要从细节入手，关爱孩子，孩子心中的猜疑用父母的真诚去消除，这样父母才能帮助女孩克服多疑的心理。

方法一：父母培养孩子辨别是非的能力，让孩子分清什么是好的，什么是坏的

由于是非观模糊，孩子也容易产生这种不健康的心理。有些孩子自认在某一领域不如其他人好，由于自尊心的作祟，他总会感觉别人在议论自己，看不起自己。针对这种情况，父母要帮孩子提高辨别是非的能力，强化孩子的优点，增强孩子的自信心，让孩子充满信心地生活、学习。

父母还可以利用英雄的事例为孩子树立榜样，引导孩子多读书，读好书，从而丰富孩子的精神生活，开阔孩子的视野。

方法二：父母应在学习、生活、思想等方面更多地鼓励、支持和开导孩子

实践证明，在一些不起眼的小事上表扬和鼓励孩子，常会产生较大的激励力量。对于孩子而言，父母的关心就是最好的鼓励。

父母经常用夸赞的方法，从事情积极的一面去教育孩子，就会让孩子具有坚强的意志。

作为父母，还应该教孩子注重社交训练，为孩子创造愉快的人际心理环境，尽量多安排他们参加集体活动，并及时进行社交技术训练。例如，当孩子在社交活动中与对方发生误会时，教孩子同误会的一方开诚布公地谈一谈，及时了解事情真相，以便消除误会。

父母对孩子的知心话：

孩子，爸爸妈妈知道你的内心敏感，容易捕捉到很多人不易察觉的细节。但你没必要因为这些细节而产生猜疑的心理。猜疑不会给你带来任何正面的效应，只会让你的内心变得更加敏感。你要学会走出来，当你放下猜疑，你就不会再担心和害怕任何事，你会发现世间的一切都是这样的美好。

引导女孩控制情绪，让内心强大起来

女孩心思细腻，容易受到外界一些负面情绪的影响，再加上父母对女儿是尽其所能地呵护，生怕孩子受到一点儿委屈，所以就导致了一些女孩缺乏心理承受能力，外界一些很小的事情都会导致女孩情绪波动，又因缺乏自我调节能力，致使负面情绪长时间地困扰着女孩。所以，妈妈要懂得，富养不是用你的羽翼将女儿层层包裹起来，给予她保护，而是要教会她与外界形形色色的人和事打交道，在这个过程中学会控制自己的情绪，让自己的内心变得强大起来。

赵丽是一名大三的学生，好多年幼时的经历已经忘记了，但在她9岁那年发生的一件事却一直令她记忆犹新。那一年的一个周末，她和朋友约好去郊外远足，但父母却说什么也不同意她去。赵丽感到十分愤怒，她跑回自己的房间，捏紧小拳头在墙壁上猛击。她一面哭一面打，双拳血肉模糊都没感觉到。任何人的劝说，她都听不进去。最后，她父亲气得揍了她一顿。后来，母亲一声不吭地进来，给她涂止痛药，并包扎好，但是，母亲始终也没有说一句话安慰她。于是，又恨又怒的赵丽又倒在床上大哭了半个多小时。直到她心态平和后，母亲才进来对她说："能控制自己情绪的人就能掌握自己的命运。发怒本身就是一种自我伤害，而且对事情的解决是于事无补的，需要好好克服。”

就这样，母亲对她所说的话就深深地印在了赵丽的心中。虽然现在她已经成年了，懂得了许多道理，但只要一回想起那时的事情，她就觉得母亲那次对自己的谈话是这一辈子最值得珍惜的谈话。

一个优秀的妈妈碰到孩子发脾气时，通常都不会对孩子的行为进行过多责难，更不会实行体罚，因为那样做效果只会适得其反。妈妈们明白一个道理，心病还需心药治。对孩子的坏脾气，只有通过沟通交流，慢慢地疏导，才能予以有效的化解。那么，该如何进行疏导呢?

方法一：在合理的范围内，允许孩子充分宣泄情绪

古代治水有个很重要的经验，就是疏优于堵。教孩子掌控情绪，首先要教孩子学会把负面情绪宣泄出去，负面情绪就像人身上的毒素，这种毒素能腐蚀人的内心世界。只有先把负面情绪宣泄出去，才有利于为心灵提供丰富的精神养料。

彤彤上小学三年级，是一个很好强的女孩，平时学习认真，还是班干部。每次考试，彤彤的成绩总是班级的前三名。但是这次期中考试，彤彤却没有考好，只考了第六名，原因是一道题目有两道小题，彤彤竟然忽视了第二道题目，这样白白丢了8分。

回家的路上，彤彤的心里一直不是滋味，埋怨自己。到家后，她把卷子拿出来，把那道数学题抄了好多遍，每抄一遍，都在下面写上“让你再马虎，这次抄写一百遍，下次要是再这样，就抄一千遍、一万遍”。妈妈看到后，立即制止了女儿的做法，她对女儿说：“妈妈知道你是在用这种方法告诫自己，不要再犯马虎的错误。但是，人都有犯错误的时候，在告诫自己的同时，还要懂得坚强地面对，这样人不仅能改正错误，还能收获一份坚强豁达的心态。”彤彤对妈妈说：“嗯，妈妈，你说得对，我这个样子并不好，可是我确实很生气！”妈妈说：“走，咱们开车去海边，你大喊几声，好好宣泄宣泄。”说着，妈妈和彤彤出门了，来到海边，看着湛蓝的海水，彤彤大声地喊叫着，宣泄着心里郁积的闷气。喊完后，彤彤的心情再也不郁闷了，又恢复了以往快乐的样子。

当女儿遇到不高兴的事情时，妈妈最好让女儿充分宣泄心中的负面情绪，在这个过程中，女儿会逐渐感受到母爱的伟大，而忽略了别的事情。富养的核心，不是简单的阻止，而是一种引导，引导孩子认识到更美好的事物。

方法二：正确引导孩子宣泄自己的情绪

孩子在很多时候会通过一些不合理的方式来宣泄自己的情绪，比如，出言不逊、摔砸物品，甚至对家里的宠物发脾气。这时，妈妈不应因为所谓的爱而视而不见，也不能进行粗暴的阻止，而是要让女儿知道宣泄是有一定限度的，不能无休止，宣泄情绪的前提是不能伤害自己和他人。

欣欣长得可爱又漂亮，一天，她穿着妈妈买给她的新裙子在家附近玩耍。邻居阿姨都说她就像个小天使一样，她希望每个人都能看到，并且都说她漂亮。可是不一会儿，她就回家了，脸上挂着泪水，而且手还使劲儿地扯着裙子，好像要把裙子撕烂。妈妈问她是怎么回事，她哭着和妈妈讲了原委，而且越说越委屈，用小手更用力地撕扯着裙子。原来，附近的几个男孩看到她后，不但没有说她漂亮，还说她丑。

妈妈听完后，心疼地用手抚摸着女儿说："你出去的这段时间，都有谁说过你丑呢？"欣欣想了想说："就那几个男孩，别人都说我漂亮。"妈妈又问："那么你认为自己是漂亮还是丑呢？"她很坚定地回答说："漂亮。""哦，你认为自己漂亮，很多人也都认为你很漂亮，你现在还生这么大气，还把妈妈给你新买的裙子扯坏了。你说你做得对吗？"欣欣不好意思地低下头，小声对妈妈说："妈妈，我错了，我不该扯新裙子。"

父母要教会孩子用语言来表达自己的情绪，不论遇到什么事情，讲道理是最重要的，胡乱宣泄情绪不能解决任何问题。

很多时候，女儿向父母诉说、抱怨，甚至发脾气，不是希望为其打抱不平，而是需要有一个人可以倾听她的心声，宣泄一下不满而已。好的父母是要能做一个好的倾听者、建议者，面对被负面情绪所困扰的女儿，妈妈应该多给予关心和爱，以满足女儿对爱的需求。父母的爱是女孩心中最重要的基石，只要这个基石是坚固的，那么女孩的内心就会逐渐变得强大起来。

父母对孩子的知心话：

孩子，你一定要记住，负面情绪无法给你带来任何好处，乱发脾气对事情的进展也只会起到反作用。没有人会喜欢一个总是爱闹别扭和脾气大的女孩。而且发怒本身就是一种自我伤害，而且对事情的解决是于事无补的，需要好好克服。你要记得：能控制自己情绪的人才能掌握自己的命运。

第七章

学会沟通，打开女儿心扉的大门

倾听，是亲子关系中最重要的一部分

人与人之间的沟通要讲究技巧，而最关键也最重要的技巧便是倾听。特别是在亲子关系中，倾听是维护双方良好关系的一条通道，对良好的亲子关系的形成发挥着巨大的作用。

倾听是沟通的一部分，没有倾听，就没有沟通。倾听是了解女孩敏感心理的最好方式，没有倾听，孩子就无法与你达成情感上的共鸣，进而影响亲子关系的良好发展。

人有两个耳朵，却只有一个嘴巴，目的就是让我们多听。但是父母在与女孩沟通的时候，总是很难做到少说多听。当女儿向父母倾诉什么事情的时候，没等孩子说完，父母就会大肆发表自己的看法和主张，他们认为这样做是为了尽快帮助女儿解决问题，实际上，父母不合时宜地打断女孩说话，不仅让她们失去倾诉的兴趣，也在她们心中埋下了不满的种子。

曾有一部加拿大影片，讲述的是一对实际生活中沟通有障碍的母女，在一次偶然的机会下，妈妈变成了和女儿一样大的13岁少女，以自己的新身份重新融入了女儿的生活及内心世界，并利用13岁少女的视角去重新审视和了解自己女儿的生活、学习、交际圈等。最后当她重新变为妈妈的时候，母女俩终于和好如初，成了知心好友。

在现实生活中，我们虽然不能像影片中的妈妈那样真的变成和女儿年龄一样大的少女，但是我们可以通过倾听女儿的心声，走进女儿的内心世界，和女儿成为朋友。

一个人从孩童时代到长大成人这一路上，有百分之七八十的时间都在与人沟通，小时候需要与学生和老师沟通，长大了需要与同事、老板或者客户沟通，而要想确切了解对方的心思，倾听无疑是最便利的方式。父母在女孩一生的成长中，扮演着十分重要的角色，如果想拉近自己与女孩之间的距离，倾听就显得更为重要。因为听孩子讲话，你可以从中发现她在一天中所发生的事情，她的心理活动等，然后再选择合适的方式帮她解决问题。如果父母不能把倾听当作沟通的一部分，那么女孩就会放弃向父母倾诉的意愿。

有个妈妈说，她在和女儿沟通时遇到了很大的问题，只要两人一开口说话，就会发生争吵，往往越吵越厉害，最终不欢而散。尽管这个妈妈变换了很多种方式与孩子交流，但还是难以达到良好的效果。

她找亲子专家咨询为何与孩子沟通会如此困难。亲子专家问她是怎么和孩子沟通的，她说："我很想与女儿好好沟通，但一点作用也没有。我每天都告诉她多吃点，穿得暖和点，到学校认真学习，多听老师的话，但她就是不接我的话，甚至都不想理我。"亲子专家从中了解到，这位母亲每天都会对孩子喋喋不休地说教，根本没有花心思倾听孩子的想法。虽然在沟通中说是一个方面，但没有听来配合也是不行的。亲子专家告诉她，沟通不是单方面，而是双方的事情，如果一个人说，另一个人就要听，如果孩子说，父母也在说，两个人乱作一团，根本就不叫沟通。亲子专家问她："你愿意听孩子说话吗？"她回答："你的意思是说我要成为孩子的听众，专心听孩子说话吗？"专家说："对，就是这样，要成为孩子的忠实听众，孩子才想跟你沟通。"

没错，倾听是沟通的组成部分，也是沟通的开端。如果父母发现在亲子交流的过程中出现问题，一定要及时地反省自己，想一想自己是不是在倾听环节中出现了问题。没有良好的倾听，就谈不上良好的交流，倾听好坏是亲子关系发展好坏很关键的一点。

父母要想成为女儿的朋友，除了在日常生活中多观察、多倾听、多引导和多亲近女儿之外，在她伤心、失望和遭遇失败时和她真诚地交流、谈心，则是走进女儿内心、成为她知心好友的最佳时机。

有一个妈妈的育女经验是这样的：

前一段时间，女儿参加舞蹈大赛出了丑，由于她太紧张忘了动作，而不得不提出退出比赛。遭遇失败的女儿感到很沮丧，一连好几天，她都不能从失败的阴影中走出来。我觉得应该帮女儿一把，于是便找了个好机会，与女儿谈心。一开始，我假装很随意地问起那件事情："女儿，你还在为舞蹈大赛的事情难过吗？"

"是的，妈妈，我觉得很丢脸！我在学校里都不敢抬起头走路。"女儿沮丧地说。

“可是，女儿，你不觉得你有勇气参加这次大赛就已经很成功了吗？而且最初你的表现棒极了！人们都会出现失误的，世界上最伟大的舞蹈家也忘记过动作，妈妈相信你通过继续努力，一定会成功的。”我继续开导女儿。

“真的吗？可是现在大家都笑话我。”女儿委屈地说。

我轻轻拍着她的肩膀说：“女儿，那些笑话你的同学他们的做法是不对的，你不必放在心上。你要相信自己，你要更努力地去证明自己。”听了我的话，女儿突然释怀了，终于从那次失败的阴影中走了出来。

遭遇失败的女孩，会显得异常的脆弱，如果这时父母愿意走近她、安慰她、鼓励和支持她，那么她和父母的亲密关系就会有实质性的飞跃。

父母对孩子的知心话：

孩子，爸爸妈妈一直认为爱你就要让你明白我们的想法，并按照我们的要求去做；却没有考虑到你在接受我们意愿的同时，也想表达自己的想法。爸爸妈妈应该给予足够的时间和机会，让你说，并认真倾听。现在我们意识到，一味地打断你，只会招致你厌烦。现在，爸爸妈妈会改变与你沟通的方式，认真倾听你的想法，希望你也能给我们这个机会，再次愿意与我们沟通，与我们交流。

学习主动倾听，与孩子心与心地交流

很多父母认为自己不够了解女孩，不能和女孩进行心与心地交流，看着女孩步入青春期后的各种困惑，他们有时也想帮孩子出谋划策，解决问题，成为女儿的知心朋友，但却找不到合适的方法。

其实，大多数女孩每天都会向父母传达信息，表示自己的喜怒哀乐，但有时候女孩的信息传递方式并非语言式的，父母就不知如何去面对。例如当女儿在学校里遇到挫折心情不好的时候，回到家就会把这种不愉快的情绪挂在脸上。而父母看到女儿心事重重的样子，或是放之任之，或是以说教的方式转移她的情绪，或是等女儿在迫不得已的情况下积极主动向父母倾诉，父母再为她解决问题。这样一来，父母在亲子交谈中就成为被动的倾听者，长此以往，不但不能及时帮助和引导她，还会产生亲子矛盾。

彤彤已经快五岁了，但不管妈妈去什么地方，她都喜欢紧紧跟在妈妈屁股后面。一天妈妈想要到超市买点东西，为了方便，决定把彤彤留在家里和奶奶待在一起，于是对彤彤说道："宝贝，你和奶奶在家待着，妈妈去超市买东西，一会儿就回来。"可不管妈妈怎么说，彤彤就是不愿意，还不停地哭闹，边哭边说："不行，不行，我就要和妈妈一起去。"

妈妈很生气，她没有耐心询问孩子的想法，只是对她说："彤彤，你太不懂事了，你知道吗？妈妈去超市有好多东西要买，回来的时候两只手都占着，没办法再牵你的手，所以不能带着你。"彤彤听后更是哭闹不止，嘴里一直说着："我要跟妈妈走，就要跟妈妈走。"妈妈越听越气愤，关上门自己走了。

一会儿邻居阿姨到家中串门，看到哭红了眼的彤彤，关心问道："彤彤怎么了？为什么哭鼻子？"彤彤说："我妈妈走了。"阿姨问道："是不是不想让妈妈离开？"彤彤点点头，一把将旁边的布娃娃抱在怀里。邻居阿姨看到她的举动问道："你想妈妈的时候就想抱这个布娃娃是吗？"彤彤点点头。邻居阿姨继续问道："如果布娃娃离开了，你也会像想念妈妈一样，想念它是不是？"邻居阿姨好像非常了解彤彤似的，帮彤彤打开了心结。彤彤停止了哭泣，放下了布娃娃，来到邻居阿姨身边和她愉快地交谈起来。

可是，当妈妈回来的时候，彤彤立马把头扭到一边，噘着小嘴又不高兴起来，妈妈还是没有体贴地询问孩子，又喋喋不休地说起自己的不满来。

由于大多数父母习惯了以劝说、安慰、说教、警告等方式展开谈话，在他们心里，要想让女孩得到改变，最好的方式就是阻止她们的内心想法，因为做孩子积极的倾听者让他们感到无所适从。其实，在亲子关系中，父母应该以积极的方式倾听，父母的积极倾听能给女孩带来很多好处。

当父母表现出愿意倾听女孩的故事或是内心想法的时候，相当于打开了一扇与她进行心灵沟通的窗户。女孩感到父母的倾听意愿，内心受到鼓舞，就会更加坦诚地表达自己的想法，从而让心理压力得到释放。

积极倾听有助于拉近父母与女孩之间的关系，让孩子切身感受到来自父母的温暖。当她受到父母的倾听并感受到他们的理解和认同时，会得到极大的满足感。当这种满足的信息反馈给父母的时候，父母与女儿之间会产生心理共鸣，使双方的关系更加亲近。

一天，小琪放学回家后，只是跟妈妈打了声招呼，就直接进了自己的房间并关上了门。妈妈觉得她很反常，就走到小琪房间，看见她正无精打采地做着作业。妈妈关心地问道："小琪，你是身体不舒服吗？"小琪说："不是的。"妈妈又问："那是因为在学校里发生了什么事情吗？"小琪又说："什么也没发生。"然后继续翻书写她的作业。

妈妈觉得小琪有心事，于是继续说道："小琪，你有什么事情就跟妈妈说一下，说不定妈妈有办法解决呢。"小琪抬头看了看妈妈，说道："真的吗，妈妈？难道你真的有办法帮助我？"妈妈说："你可不要忘了，妈妈是聪明的智多星，很多事情到妈妈手里，一下子就变得简单了。"妈妈说得很轻松，小琪听了似乎受到鼓舞，一下子将心事倒了出来："今天我们班有个同学过生日，她邀请我和其他同学去参加她的生日聚会。我很想去，可是我手头的作业实在是太多了，怎么都做不完，即使一会儿做完了，时间太晚，也来不及参加了。"

妈妈看到小琪一脸失望的表情，马上说："小琪，妈妈想了个好办法，你现在先尽全力写作业，一会儿妈妈叫辆出租车送你过去。”小琪脸上立马露出欣喜的表情，高兴地说：“妈妈，真的吗？你真的会打车送我过去？”妈妈说：“当然了，我也希望你能为同学庆祝生日呢。”小琪大声说道：“谢谢妈妈。”然后她就认真地写起作业来，现在，她已经不再是一进家门就垂头丧气、忧心忡忡的小琪了。

结束同学的生日聚会回到家，小琪意犹未尽，她高兴地向妈妈讲述了聚会上发生的趣事，妈妈认真地倾听，和她一起笑，母女二人都十分开心。

引导女孩说出心事比让她们独立思考更能帮助孩子。当女孩在父母的积极倾听下说出自己的心事，并在父母循循善诱的指导下解决问题，或者她们在倾诉一番后打开了心结，当初看似很棘手的问题自然而然就解决了。

父母对孩子的知心话：

孩子，以前你有时不愿诉说，是因为爸爸妈妈没有表现出想要倾听的意愿。现在我们明白，要想对你进行深入而全面的了解，就不应成为被动倾听的垃圾桶，而应变身积极的倾听者。当你有心事，我们首先要倾听你说话，这样一来，你更善于敞开心扉，畅所欲言。当你不愿向你倾诉，或是表现出对你排斥，很可能是我们没有在倾听时表现出积极的一面。现在我们了解了，只有主动倾听，认真帮助你找到问题所在，才能帮助你真正解决问题，渡过难关，从而赢得你的信任。

掌握与女孩的沟通技巧，促进和谐亲子关系

在写这节之前，先让我们看一个母女间的案例：

外面下了大雪，妈妈对华华说："你上学时多穿件衣服，今天天气太冷了。"华华摇着头说："不，我不喜欢穿羽绒服，那样太笨重了。"妈妈听到女儿顶嘴，有些不高兴地说："你这孩子怎么这么不听话，听我的，赶快把羽绒服穿上！"华华也有些生气了："不穿！就不穿！"背上书包撒腿就跑了。

像华华的妈妈一样，很多妈妈提到和女儿沟通，都会皱起眉头。

"我家那小丫头太刁蛮了，我说轻了她不听；说重了又会哭哭啼啼闹个不停。"

"沟通对我女儿来说起不了什么作用，她常常是左耳朵进右耳朵出。"

"昨天我女儿又和我吵架了，我让她饭后再吃薯片，她竟然张口就对我说：'妈妈，你真烦人。'当时把我气得够呛。"

"人们都说青春期的女孩难管，我算是真的领教了。现在我都有些不想管我的女儿了，因为她不仅不听我的话，还会和我对着干。"

……

上述这些话，相信我们周围不少父母们都说过。和女孩沟通，如果不讲究技巧和方法，不仅无法达到沟通的目的，很可能还会伤害女孩。所以，父母一定要掌握和女孩沟通的方法和技巧。

在和女孩谈话的时候，要根据不同的情况选择不同的方式，这样就能达到比较好的沟通效果了。

方法一：多提开放式问题，引导女儿和自己交谈

很多父母抱怨女儿不愿意和自己交流，其实很可能是因为我们没有用对谈话的方式。我们来看这样一个例子。

头天晚上，女儿告诉妈妈："妈妈，我们学校明天要举行运动会。"第二天，女儿从学校回来，妈妈问女儿："宝贝女儿，今天举行运动会了吗？"女儿说："举行了。"说完，她放下书包就回自己的房间了。

其实，这个妈妈正是没有用对沟通方式，以至于让自己和女儿的沟通一下子冷了场，如果她能用下面的方式和女儿展开对话，沟通就会进行得非常顺利。

女儿告诉妈妈学校要举行运动会。第二天女儿放学，妈妈立刻放下手头的工作问女儿："今天举行的运动会精彩吗？"女儿兴高采烈地说："太精彩了。妈妈你知道吗？我们班还得了全校第二名呢！"妈妈接着说："看来你很高兴啊。下一届运动会你有没有兴趣参加呢？"女儿说："当然想了，现在我就练习跳远呢。"

在和女儿谈话时，父母应该多提一些开放性的问题，既可以引起女儿谈话的欲望，还可以锻炼女儿的思维能力。此外，在和女儿谈话时，父母应该全神贯注地倾听，不要心不在焉地应付她，因为这样会让她觉得自己没有受到尊重，从而影响了谈话的兴致。另外，我们还可以用“哦”“嗯”“原来是这样”“太好了”“看来你很高兴（伤心）”等简单的词句来回应女儿的感受，从而增加女儿谈话的兴趣。

方法二：用提问代替指责和说教

为了让女儿做某件事，很多父母常常会无休无止地唠叨女儿，如果女儿仍然不听话，便会指责和打骂女儿。其实这样做的效果并不好，一方面很难让女儿听话，另一方面即使女儿被迫接受了妈妈的建议，也是口服心不服，会影响母女关系。在这种情况下，父母可以用提问的方式代替指责和说教。

妈妈带女儿姗姗去看望姥姥，女儿玩得高兴，时间很晚了仍不想回去。

妈妈说：“这么晚了你还不想回家，你说下次妈妈还愿意带你来看姥姥吗？”

女儿说：“不愿意。”

妈妈说：“那你说怎么办？”

女儿说：“和妈妈一起回家。”

从上面的例子可以看出，妈妈用提问的方式让女儿的思维跟着自己的问题走，并最终让女儿听从了自己的建议，我们不得不佩服这个妈妈的沟通技巧。相反，如果这个妈妈一味地采取指责的方式，很可能不会取得这么好的效果。当然，如果女儿拒绝回答自己的问题，妈妈可以再问一遍，或者对女儿说：

"你还没有回答我的提问呢，请你赶快回答。"

方法三：多向女儿传达积极的信息

场景一：

女儿把房间弄得乱糟糟的，妈妈生气地对女儿说："你这孩子太淘气了，快把房间收拾一下！"女儿很不情愿地收拾起房间来。

场景二：

女儿把房间弄得乱糟糟的，妈妈对女儿说："宝贝女儿，你说咱们的房间要是收拾得整整齐齐会不会很漂亮啊！"女儿想了想说："妈妈，我马上把房间收拾一下。"

小女孩是很敏感的，她非常善于捕捉那些微妙性、细节性的信息。所以，妈妈多向她传达一些积极的信息，有助于她采纳妈妈的建议。

父母对孩子的知心话：

孩子，也许是爸爸妈妈与你的沟通方式不对，使你对我们总是很疏远。在你这个年纪，内心是敏感的、柔弱的，我们有时语气不对，也是因为着急，想给你更多我们的意见。但现在我们明白，你需要的是商量的伙伴，而非高高在上的意见。我们会改变说话方式，希望与你重新建立起沟通渠道，搭建起我们之间友谊的桥梁。

学会赞美，这是对孩子最大的鼓励

如果你的女儿为了一道数学题，冥思苦想了一上午才终于找到解答方法，但她在计算的时候，因为粗心大意，点错了小数点，导致整个结果是错误的，这时作为父母，你会怎么办？是去赞扬女儿不畏艰难，找到问题的解答方式？还是抱怨她不够细心，得到了错误的结果呢？

毫无疑问，对于大多数父母来说，他们的第一反应一定是批评孩子算错，而不是去关注她在计算的过程中所付出的努力。因为父母总是希望孩子是尽善尽美的。但有时孩子表现出的结果虽然不太令人满意，但在此期间付出的努力是真实且宝贵的。尽管努力不一定有好的结果，但是要想获得好的结果，缺少了努力是万万不能的。

女儿的努力，父母应该学会尊重，并及时给予鼓励和赞美。因为父母的赞美对于她来说至关重要，它会让女儿变得更加自信，更加努力。如果女儿的努力没有得到父母的认可，她就容易变得灰心丧气，怀疑自己的能力，甚至自暴自弃。

依依在班上学习刻苦认真，虽然她的成绩不算优秀，但也属于进步快速的那一类。依依经常把课堂上没有听懂的知识记录在笔记本上，等到下课的时候再问老师。平时作业中出现难以理解的题目，也会记录下来第二天寻求老师的帮助。为了让自己深入理解，每当听了老师的见解，她还要按照新的方法重新做一遍，因此她的学习成绩有了突飞猛进的提高。

依依的老师为拥有这样一个勤奋努力的学生而感到骄傲，还经常拿她当全班学生的榜样。但是老师不知道，依依虽然表面上看起来乐观开朗，她的内心却经常彷徨沮丧。为什么会这样呢？这是因为依依的妈妈经常忽视她的进步。每当依依认为这次考试比上次进步了不少，拿成绩单给妈妈看的时候，妈妈不但不会鼓励她，反而会说："你付出那么多的努力，却始终没有冲到班上前几名，这有什么可高兴的？"依依听了心里很难过，认为自己付出再多努力也得不到妈妈的夸赞，这些努力都是白费。老师得知依依的情况后与她的妈妈做了简单的交流，将依依这段时间的成绩变化反馈给她妈妈，并建议她妈妈改变态度，珍惜孩子的努力，并给予赞美。依依的妈妈也意识到自己的做法不妥，于是向依依道歉，并肯定了依依的努力。

此后依依觉得学习又有了巨大的动力，变得更加勤奋努力了。

其实，父母是女孩的精神支柱，是女孩最坚强的后盾。如果父母能够肯定与赞美自己的女儿，就会给予她更强大的动力。一个人的潜力是无限的，孩子也不例外。父母只有欣赏和赞美她的努力，才能将孩子最大的潜力激发出来。

结果并非评价孩子的唯一标准，而获得此结果之前所付出的努力才至关重要。女孩在努力的过程中，需要独自去解决各种问题，排除各种干扰，例如遇到复杂的问题，如果没有一个沉着冷静的心态，是无法坚持找到解决问题的最佳方法的。由此看来，良好的心态才是女孩制胜的法宝，而父母关注到这一点并给予赞美，会激励她为了更好的结果去努力。

王琳是一位善于肯定孩子努力的妈妈，只要孩子芳芳全心全意地做一件事，不管结果怎样，她都会夸赞孩子。例如孩子帮妈妈浇花，累得满头大汗，但水都浇到了地上，妈妈也不会责怪她，还夸她是妈妈的小助手。

一天，芳芳感冒发烧，卧床休息了几天，身体终于好了一些，她担心自己耽误了几天的课程跟不上了，很想去学校上课。但是天气很冷，妈妈担心她感冒加重，希望她再休息一天。芳芳坚持要去上学，还安慰妈妈说："妈妈，你放心吧，我会穿很多衣服，不会让自己冻着。"妈妈说："你都生病了，还这么努力，妈妈真为你感到高兴。但是医生说你应该再多休息一天，妈妈还是放心不下你的身体。"芳芳坚持说："妈妈，你平时总是说我是个努力认真的孩子，我不能因为生病就不学习，不然会让你失望的。"妈妈听芳芳这么说，很欣慰，在确保芳芳体温正常的情况下，将芳芳送到学校。

芳芳这么懂事，在身体还未完全康复的情况下，坚持去上学，很大程度上与妈妈的赞美有关。妈妈看到了女儿的努力，并给予肯定和欣赏，让芳芳有更加努力的动力。父母是女儿最亲近的人，特别是妈妈，更容易与孩子亲密无间。看到女儿对一件事情拼尽全力，更应该赞美她的刻苦努力。千万不要因为她成绩不好便说孩子不聪明，孩子有天赋却不努力，才更值得父母关注。

在女孩做一件事情的时候，父母一定要把关注点放对地方，要让她知道成功与失败并非对立，而是相对而言的，只要勇于付出努力，不断前进，失败与成功只是一步之遥。

父母对孩子的知心话：

爸爸妈妈明白你希望得到我们的关注与赞美，希望讨得我们的欢心。以前爸爸妈妈也许木讷，但现在我们明白了善于欣赏你的优点，赞美你的勤奋和努力，并给予你肯定。因为我们知道，这样才能改善你与我们之间的关系，你也才会更加勇敢地去跨越前进道路上的种种障碍。

批评的语言，也可以说得很动听

和小男孩相比，小女孩相对乖巧、听话，也较少惹妈妈生气。但是当女儿犯错的时候，父母却普遍遇到一个教育的难题：批评轻了，女儿根本听不进去；批评重了，又怕伤害女儿的自尊心。很多父母都没有掌握好批评女孩的方法和技巧，结果不仅没有起到很好的教育效果，还让批评“变了味”。

7 岁的小敏常常是一边写作业一边看电视。每次遇到这种情况，妈妈都会说：“你先写作业，等写完作业再看电视。”小敏嘴上虽然答应，但是依旧我行我素，完全把妈妈的话当作耳旁风。

有一次，妈妈生气了，把电视关掉后狠狠地批评女儿：“你这孩子怎么回事，我都说好多次了，你怎么就是不听……”妈妈的话还没有说完，小敏咧开嘴就哭了，一边哭一边伤心地抹眼泪。

这下妈妈慌了神，赶紧把电视打开：“你看吧，妈妈不管你了。”小敏不说话，仍是哭个不停。妈妈掏出 10 元钱，塞到小敏手里：“乖女儿不要哭，到小卖部买个你最喜欢吃的冰激凌好不好？”这下小敏才止住了哭声。

从那以后，小敏仍是一边写作业一边看电视，而妈妈再也不敢管她了。

这个故事中的妈妈批评女儿的方式是错误的，她不仅没有让女儿改正错误，甚至让女儿产生了一种误解：一边看电视一边写作业不仅是正确的，而且还会得到妈妈的奖励。

批评孩子是一门学问，如果运用不当，不仅达不到教育的效果，甚至会产生相反的作用。批评是一把“双刃剑”，用得好了，能够起到积极作用；用得不好，反而会起到消极作用。父母在批评女儿的时候，一定要选对方式，并尽量少批评女儿，七分鼓励、三分批评，是有一定道理的，可以适当借鉴。

方法一：赏罚一定要分明

父母批评女儿，是为了让她改正错误，明白一定的道理。但是在很多时候，女儿一哭鼻子，父母就不忍心批评她了，还会用买食物、买玩具等方法哄她。其实这样做是非常错误的，它容易让女儿产生一种误解：自己做的是正确的，否则父母怎么会奖励自己呢？结果那些错误不仅得不到改正，还会被继续强化。如何避免这种弊端呢？这就需要父母一定要做到赏罚分明，某种规矩一旦制定，就一定要严格地执行下去，该赏的时候一定要赏，该罚的时候一定要罚，否则以后的规矩也会被女儿打破，从而无法对女儿产生约束力。

方法二：给批评加一件表扬的外衣

6 岁的晓兰非常喜欢吃零食，她常常在吃饭前吃一大堆薯片、巧克力豆、栗子羹等，结果在吃饭的时候就吃不进饭了。有一次，妈妈对她说：“我家晓兰最近表现越来越出色了，如果在吃饭前不再吃零食，那就更好了。”结果晓兰吃零食的次数真的少多了。

晓兰妈妈的这种做法无疑是很明智的。我们可以尝试晓兰妈妈的这种做法，在批评女儿的过程中，可以先表扬她们的优点，再委婉地指出她们的缺点。这样做，既不会让女儿产生逆反心理，还会让她们在心情愉悦的情况下接受批评，然后认真地去改正。

方法三：批评女儿时要给她们留面子

涵薇上二年级，和小姨特别亲近。有一次，小姨来家里做客，妈妈在厨房里做饭，涵薇就和小姨在卧室里聊天。妈妈想到卧室里拿东西，她听见涵薇对小姨说：“小姨，现在我的学习成绩可好了，上次语文考试我还考了100分呢！”妈妈意识到涵薇在说谎，因为上次语文考试她只考了70分，根本不是100分。妈妈没有进屋揭穿女儿的谎言，而是在小姨走后，给女儿写了一张纸条：“希望薇薇能够做一个诚实的小姑娘，因为小姨不喜欢说谎的孩子。”

涵薇看到这张纸条后非常惭愧，每次看到妈妈都欲言又止的样子。妈妈看得出来，涵薇是怕自己把她说谎的事告诉大家，尤其怕小姨也知道这件事。过了些日子，涵薇看到妈妈没有和任何人说起这件事，心中对妈妈充满了感激，并且改掉了说谎的毛病。

女孩的自尊心非常强，所以在批评她们的时候一定要给她们留面子。尤其在人多的情况下，妈妈最好不要批评她，因为这样会深深伤害她的自尊心。如果女儿犯的错误不太严重，妈妈不用全部说出来，只要稍稍给她提示就可以。这样做，既可以保护女孩的自尊心，还会让她对妈妈充满感激，从而努力地去改正自己的错误和弥补自己的不足。

父母对孩子的知心话：

在爸爸妈妈经常批评你的过程中，我们发现了一个道理——批评远远不如建议。我们给予你建议而不是批评，你没有受到指责，也没有被否定，从心理上会得到满足，感觉自己占据了主动地位，因此更容易朝好的方向改进。当爸爸妈妈得知这个逻辑后，当你再犯了错误，我们就会用建议代替批评，对你多一些温和，少一些怒吼和咆哮，这样，你才能认清自己，增强自信，取得更快的进步。

对女孩说“NO”，无理的要求该拒绝时要果断

很多女孩经常会在不经意间提出各种要求，例如去超市会乱买东西；到餐厅里胡吃海塞；经过游乐场所时，不顾时间或条件限制，随意玩耍。如果遭到父母的反对，她们就会大声哭闹或在言语和行动上表现出诸多反抗。面对这种情况，父母通常会批评教育，但如果找不到一套合理的方式方法，就算批评教育的次数再多，也不会起到好的效果。

薇薇已经6岁了，上幼儿园大班。虽然她在幼儿园表现很好，老师说什么她就做什么，是老师和小朋友口中的“小乖乖”。可是在家里，她却任性霸道得不得了，不管什么时间什么场合，只要她想干什么，父母就得立刻满足她的要求，否则她就又哭又喊又摔门。父母拿她实在是没办法。

再过几个月，薇薇就要进入小学了。最近她总是向父母提这样那样的要求。一天，妈妈要到超市买日用品，薇薇非要跟妈妈一起去。刚进超市，她就要求妈妈给她买新衣服，说开始新的校园生活应该穿新衣服。妈妈觉得有道理，同意了她的要求。可是过了一会儿，薇薇又以新学期新气象为由，要求妈妈给她买新的铅笔、橡皮、铅笔盒。其实家里已经有很多铅笔，

还有铅笔盒，也都是刚买回来没多长时间。但是她又想到女儿要上小学了，妈妈还是同意给她把所有文具都换成新的。

如果仅是这些要求也还好，可是当她看到商场里家具专柜摆放的造型别致的桌椅衣柜后，居然要求妈妈把她房间内的家具全部换掉，说房间现在的家具用的时间太长，既不好看也没有新鲜感，要是不换就会影响她的学习心情。妈妈认为薇薇这次的要求提得过分，就直接拒绝了她。可是薇薇却不吃这一套，在超市里大哭大闹，弄得不得安宁。妈妈对她一阵批评教育，但一点儿用也没有，被她弄得心烦意乱，头疼不已，真恨不得揍她一顿。

其实，父母批评教育女孩也要讲究方式方法。每当她提出要求遭到父母拒绝而大哭大闹时，并不是只要父母苦口婆心地给她摆事实讲道理，就能将事情处理好。如果在女孩提出要求之前就抑制她的念头，例如告诉她“一会儿去超市不能看到喜欢的东西就要买”“去自助餐厅不能吃汉堡、炸鸡”“到游乐园玩的时候不能随便乱跑，选择游乐设施要考虑危险因素”等，相当于在心里给孩子打了一剂预防针，让她提前意识到哪些要求不该提，有助于更好地解决问题。

很多父母都知道小孩去超市通常喜欢乱买东西，如果遭到拒绝就会哭闹。娜娜就是这类孩子中的一个，父母为此很是烦恼，因此他们每次购物时，都不想带娜娜一起去。娜娜妈妈的同事任霞告诉了她一个好办法，那就是在孩子提出要求之前，先抑制孩子的要求。娜娜妈妈试了这个办法之后，发现果然有效。

一天，娜娜妈妈要到超市购买牙膏、洗衣粉等日常生活用品，她让爸爸在家陪伴女儿，一个人好快去快回。可是娜娜不干，一定要让妈妈带她一起去。妈妈对娜娜说："我不能带你去，因为你去了超市总喜欢乱买东西，所以还是留在家里玩你的玩具吧。"娜娜站在那里没有说话，就好像她的小心思一下被妈妈识破，没有反应过来一样。妈妈穿上衣服，拿起购物袋马上就要出门了，娜娜一下就着急起来，她跑过去抱住妈妈的腿说："妈妈，我什么都不买，就出去看看。"妈妈俯下身子问道："是真的吗？"娜娜说："是真的。"妈妈说："那你要说话算话，要是你没有做到，今天就没有动画片看，好不好？"娜娜说："行！"母女两人拉了勾之后，愉快地出了门。这次去超市，娜娜看到可爱的小布熊忍不住摸摸抱抱，多看几眼，始终没提把它买回家的要求，妈妈非常满意。之后，无论到什么地方，只要妈妈意识到娜娜可能会提无理要求，都会提前向娜娜说明，抑制她的念头，这样一来，娜娜便很少提出不合理的要求了。

父母经常陪伴在女孩身边，应该是最了解孩子的，她喜欢什么，不喜欢什么，在提要求之前行为特征是什么样的，父母应该一眼就能分辨出来。在带女孩外出或是参加活动的时候，父母首先应该对她进行观察，第一时间了解她的想法。如果意识到她会提无理要求，就要提前改变她的想法，让她自己不好意思说出口。

提前制止女孩提不合理要求，让她在思想上有个准备，可以有效避免之后的亲子冲突，将不愉快的程度降到最低。提前抑制女孩提要求的方法有很多，可以直接告诉她不能怎样做，或是转移她的注意力，让她无暇顾及自己的想法等。但是，在此之前，父母一定要认真猜测她的想法，提前进行心理疏导，这样就可以轻松解决棘手的问题。

父母对孩子的知心话：

每次当你提出不合理要求时，爸爸妈妈绝不会毫不犹豫地答应，而是根据情况坚决地拒绝。在拒绝时，还要给你讲道理，让你知道我们拒绝是有正当理由的。而且，每次当你以哭闹威胁时，我们也绝不会心软，否则之前所做的一切努力都将付诸东流。但我们这样做并非不疼爱你，恰恰相反，我们非常爱你，但明白如果对你的所有要求都答应，对你的成长毫无帮助。唯有让你知道，有些事是不可以做的，有些要求别人是会拒绝的，这样你才会在以后的人际交往中有分寸，知道该如何说、如何做。

第八章

懵懂的年纪，女孩请一定要保护好自己

异性之间，保持好合适的距离

在幼年阶段，女孩与异性之间是两小无猜的。她们对异性非常亲密，因为年幼的她们还没有形成性别的意识。随着不断地成长，进入青春期之后，男孩与女孩从两小无猜，到身心快速发育，彼此之间变得生疏起来。在此期间，女孩会经历排斥异性，再到亲近异性的阶段。

男女授受不亲，这是封建社会提出来的男女交往礼俗。在现代社会，虽然男孩与女孩是完全平等的，在同一个教室里学习，但是男孩女孩毕竟性别不同，在进入青春期之后还是要保持合适的距离，这样才能够避免引起对方的误解，才能够避免引起他人的非议。

青少年心理咨询中心的专家总是会接到下面这类热线电话：

“最近，我发现女儿总是跟她班里的一个男生打电话聊天，两个人聊得很熟络，我也不清楚他们是什么关系。可我又不敢直接问女儿是不是在早恋，我该怎么办呢？”

“我女儿说她认识了个大哥哥，是她的学长，还让我们允许她以后带这个哥哥回来吃晚饭。您说他们之间究竟算是什么关系呢？”

“我爸妈太大惊小怪了，不就是在学校多认识几个男性朋友吗？他们至于整天紧盯着我吗？我又没早恋，我们仅仅是朋友。”

“为什么我就不能有异性朋友呢？难道男女之间就不能有纯洁的友谊吗？”

……

为什么在面对异性朋友这个问题上，家长会那么担心，女孩会那么疑惑不解呢？答案很简单，家长担心进入青春期的女孩会早恋，而女孩则认为交友是“我的事情”“我的权利”，家长不应该介入。双方没有达成良好的沟通与互相理解，自然会产生很多误会和矛盾。

难道女孩真的就不能有异性朋友吗？当然不是，心理专家认为，一个身心健康的女孩，其青春期应伴有丰富的异性友情滋养，但她又不专注和执着于与某个异性同学的关系，更不会陷入类似恋爱那样对某个异性朋友的心理依赖。而要养成这样健康的成长状态，妈妈对待青春期女孩友情的态度和引导方法在其中发挥着重要影响。

方法一：不要强硬地限制女儿与异性交往，要教她把握分寸

有一个妈妈的教育经历是这样的：

女儿上高一的时候，有一天突然哭着跑回家，而且说什么都不肯再去上学，我问她是不是在学校发生了什么事，女儿哭着说：“班里的女同学都在背后说我的坏话。”原来，长相漂亮的女儿在班里很受男生的欢迎，或许是因为虚荣心的影响，女儿和男生的关系都很好，大家还说她是“班花”，甚至是“校花”。因为很受男生的欢迎，有时也会收到很多情书，于是女儿就把这些事告诉班上一些要好的女同学，想让她们帮自己想办法解决，但那些同学却说女儿是在炫耀自己的魅力，故意显摆，所以都开始渐渐疏远女儿。我听后非常生气，并且告诉女儿以后不准再和男生来往。所以，从那之后我对女儿的要求更严了，尤其是在她的交友方面，可是我发现女儿竟然和我作对，不但在学校和很多男孩交往，还开始和社会上的一些异性来往。

很显然，这个妈妈的引导方式出现了问题，她一开始不应该强硬地限制女儿与异性交往，而是应该先帮助女儿分析她遇到的问题，然后协助她一起解决问题。妈妈可以让女儿学会谦虚，不要因为长相漂亮就虚荣、骄傲，也不要与男生的关系过于密切。

相信只要女孩懂得把握与异性交往的分寸，那么就不会被大家所误会，也不会弄得“众叛亲离”。更何况异性同学之间的交往是中学生生活的重要内容，是必不可少的，而且男女同学正常交往，既可以取长补短，相互交流，提高学习效率，又有利于增进彼此的了解，扩大交往的范围，提高女孩的交往能力。因此，妈妈应该教会女儿把握与异性交往的分寸，而不是强硬地限制。

方法二：告诉女儿与异性交往的正确方法

这天，是小兰 15 岁的生日，妈妈让她邀请一些朋友到家里开个生日聚会。可是，妈妈发现来的朋友全都是女孩，没有一个男孩。于是，妈妈就假装无意地问女儿：“你生日会怎么没见有男生来啊？”小兰说：“我好朋友里没有男生，那些男生说话都太不靠谱了，而且我不喜欢和男生交往，他们太烦人了。”听完女儿的话，妈妈有些担心，害怕女儿今后有交友障碍，甚至还担心会因此影响女儿今后的生活。

青春期女孩与异性之间的交往是她生理、心理发育及提高社会适应能力的需要。妈妈要帮助女孩建立正确的交友观念，并且促使青春期女孩选择有益健康的交往行为，摆脱与异性交往的心理障碍和困惑。

当然，在引导女孩与异性交往的过程中，也许会遇到小兰所说的“男生说话不靠谱”等情况。因此，妈妈要告诉女儿，出于保护自己的目的，在与异性交往的过程中，女孩的言谈举止要合宜，不能毫无顾忌，例如，谈话中涉及两性之间的一些敏感话题时要尽量回避；身体接触要把握好分寸，不要太拘谨，也不要太随便；记住不要乱开玩笑；适合同性讨论的话题不要和异性讨论太多等。

另外，妈妈还要告诉女儿，不能因为讨厌某些男生的言行举止，就完全杜绝与异性交往，这也是不对的。

父母对孩子的知心话：

孩子，你长大了，不管你是否愿意当一个淑女，你都要记住你是女孩子。当然，你可以成为一个运动型女孩，像男孩一样活泼好动。但是，男女有别，随着不断地成长，你要渐渐学会准确定位自己的性别角色，这样才能在和异性相处的时候有更适度的表现，并把与异性之间的友谊维持在最佳的温度。

了解女孩身心规律，不要把早恋看作洪水猛兽

在情窦初开的年纪，女孩也许一开始很排斥异性，也不愿意与异性亲密接触，但是，随着不断地成长，她们的生理需求越来越强，心理上对于感情的渴望也越来越强烈。在这种情况之下，女孩难免会对某个男孩产生好感，甚至忍不住向男孩表白。不得不说，这意味着女孩进入了人生之中崭新的阶段。女孩要知道，爱一个人是正常的心理需求和情感现象，无须为此感到羞愧。正如伟大的诗人歌德所说，哪个少男不善钟情，哪个少女不善怀春。对于青春期女孩而言，有自己喜欢的人，这是一件值得高兴的事情。

现实生活中，太多的父母对于女孩出现早恋的情况感到非常紧张，他们视早恋如同洪水猛兽，总觉得女孩只要沾染上早恋就会影响学业，甚至会因此成为人生的输家。实际上，恋爱并没有早晚之分，只不过是青春期女孩应该以学业为重，所才会被冠以“早恋”的名号。很多父母为了阻止女孩早恋，想出各种招式来封闭女孩对于恋爱信息的接触。其实，父母无论怎么做都无法阻挡孩子成长的脚步，与其压制女孩的感情，不如正确引导女孩，这样女孩才不会因为叛逆而故意与父母唱

反调。

青春期女孩情窦初开，就会钟情于那些符合她们审美标准的异性。例如，有些女孩本身喜欢运动，就会喜欢充满朝气和活力的男孩；有些女孩具有文艺气息，就喜欢那些具有忧郁气质、白净文弱的男孩。总而言之，萝卜白菜各有所爱，不同的女孩对于异性的评判标准是不同的，每个人在选择人生伴侣的时候都会有自己的标准，这一点父母也无权干涉。当然，青春期女孩应该以学业为主，不要因为恋爱耽误学习。当发现青春女孩出现早恋的苗头时，父母不要过于紧张，更不要盲目遏制女孩的感情，而应该保持冷静和理智，采取有效的方式引导女孩。

开学没几天，雅菲就告诉妈妈，她很喜欢班里的一个男生。听到雅菲这么说，妈妈感到很惊讶，也马上就想到了因为早恋而可能导致的各种后果。幸好妈妈的自制力还是比较强的，她一直保持着理性，冷静地对雅菲说："你有喜欢的人，那可太好了，这说明我的宝贝女儿长大了！"听到妈妈这么说，雅菲忍不住长吁一口气，因为她在告诉妈妈这件事情之前也是非常犹豫的，她生怕妈妈会因此而责骂她，也害怕妈妈甚至为此让她转学。看到妈妈轻描淡写的样子，雅菲觉得很高兴。她不知道的是妈妈心里其实很紧张呢，正在琢磨着如何才能够引导雅菲正确疏导感情。

过了没多久，正当妈妈感到非常为难的时候，雅菲告诉妈妈，她已经和那个男孩子分手了。听到雅菲这么说，妈妈终于放下心来。妈妈暗暗想道：原来青春期女孩的恋爱经历是这么短暂，如同昙花一现，还没有等到我采取措施引导她，她就已经放弃了。

很多青春期女孩的恋爱经历就是这么短暂，如同昙花一现。她们也许会非常喜欢一个人，也许会在转瞬之间又开始喜欢和前一个男孩完全不属于同一类型的另外一个人。作为父母，我们无须对女孩一闪而过的喜爱感到紧张，而是要怀着顺其自然的态度，这样才能够让女孩认清楚自己的感情，主动地从一段过早发生的爱情之中抽身而出。从另一个角度来说，女孩随着不断地成长，对于爱情的理解也会更加深刻，也许原本她们觉得一个男生阳光洒脱是很吸引人的，但是，随着自身的渐渐成熟，她们又会觉得一个男生过于冲动是孩子气的幼稚表现。这样的表现对于女孩来说完全是正常的，所以，父母要了解女孩的身心发展规律，不要动辄将女孩的早恋视为洪水猛兽。

俗话说，哪里有压迫，哪里就有反抗。如果父母不由分说就开始阻止女孩的爱情，反而会对女孩起到反作用。在与父母对抗的叛逆过程，女孩会对原本自己并不十分看好的一段感情投入更多，也使得这段感情的结束变得更为艰难。所以明智的父母不会以阻止女孩的方式结束女孩的感情，而是会给予女孩自由的空间去自主选择，也会引导女孩从自身角度出发思考问题。当女孩不断地成长，知道什么才是爱情，也知道自己想要怎样的爱情时，她们就会反思所谓的爱情，也会在爱情之中做出正确的选择。

若父母对于青春期女孩早恋的态度非常激烈，往往会让女孩感到害怕和恐惧。其实，父母越是能够保持冷静与平淡的态度对待女孩的爱情，女孩越是可以保持相应的理性。

父母对孩子的知心话：

你长大了，当然可以享受爱情，对于你想要选择怎样的人去恋爱，爸爸妈妈并没有干涉的权利，不过爸爸妈妈想把自己的一些经验分享给你，让你作为参考。你放心，不管你选择怎样的人，只要是你喜欢的，也是你认定自己想要携手度过一生的，爸爸妈妈一定会支持你。不过，每个孩子在青春期的心智发育都是不完善的，人生经历也很匮乏，也许会误以为自己什么都知道，而实际上却是一种误解。所以，爸爸妈妈希望你能够放缓恋爱的脚步，给自己更多的时间去成长，只有冷静思考，你才能理智选择。

对于性知识，父母不要再觉得难以启齿

现代社会，早恋问题越来越严重。每当到了寒暑假开学之际，总会有很多女孩去医院进行妇科检查。检查结果证明，有相当一部分青春期女孩都意外怀孕，也有极少数女孩因为缺乏相应的知识，导致孩子都快生出来了，自己还浑然不知。不得不说，这是性教育的缺失给孩子的成长带来的严重后果。在孩子的成长过程中，如果父母能够肩负起对女孩进行性教育的责任，给予女孩更好的引导和帮助，那么就可以避免女孩承受不必要的伤害。

在听到女孩未婚先孕的消息时，父母一定会感到万分心痛。他们不明白，自己一直以来总是向女孩隐瞒性的知识，为何女孩还会发生这样的事情呢？实际上，父母这样的行为无异于掩耳盗铃——随着时光的流逝，女孩必然会在生命的历程中渐渐走向成熟。既然有些事情是不可避免的，那么，为了防止女孩受到更深的伤害，父母不如尽早地对女孩进行性教育，讲授性知识，这样一来，在性行为不可避免的情况下，至少女孩还可以有效地保护自己。

对于许多妈妈来说，性是一个很微妙的话题，但妈妈不能主

观认为等女儿长大了自然就知道这些问题了。要知道，正确的性教育不但能够促进女孩形成健全的人格，而且决定着她一生的幸福。因此，妈妈必须学会如何正确地对女儿开口说“性”。

方法一：正确回答女儿“我从哪里来”这个问题

有一位专家在中学生群体中询问过这样一个问题：“‘我从哪里来’这个问题，你的妈妈是怎么回答你的？”结果显示，学生们的回答千奇百怪：

“我妈说我是从医院的垃圾桶里捡来的。”

“我是从白菜地里种出来的！”

“我是坐着洗脸盆从河里漂来的，是奶奶捡了我。”

“我是我爸妈从烟囱里捡到的。”

……

作为妈妈，你是怎么回答女儿这个问题的呢？

如果妈妈能一开始就准确地告诉女儿她是从妈妈的肚子里来的，是爸爸妈妈爱的结晶，并告诉她精子和卵子是怎样结合的，那么她就不会对自己的出生感到好奇了。当然，如果你真的不好意思和女儿讲她是怎么来的，可以通过看性教育书籍等方式慢慢引导女儿自己去探知，这样既避免了当面解说的尴尬，又巧妙地回答了女儿的问题。

方法二：简单直接、轻松自如地和女孩说“性”

这一天，一放学回到家，上五年级的女孩可维就突然问正在做晚饭的妈妈：“妈妈，什么是做爱？”妈妈一听，当下脸色大变，严厉地说：“住嘴，以后不许乱说话！”感到很委屈的可维说：“我听同学说‘做爱’这个词，我不知道是什么意思才问的啊！”妈妈说：“瞎问什么，以后这个问题谁都不能问，等你长大了就知道了！”谁知可维说：“为什么一定要我长大才知道，我们班苗苗好像知道，明天我问她去！”妈妈一听，更恼火了，伸手就给了女儿一巴掌，说道：“谁都不能问！”可维莫名其妙被打，哭着跑了出去。

其实，可维的妈妈完全没必要故作神秘地训斥女儿，因为性并不是一件可耻的事情，她这样做之后，会让女儿觉得性是一件羞耻的、隐蔽的事情，对女儿的性教育只能起到反作用。

所以，妈妈在回答女儿提出的有关性的问题时，态度要平和、自然，而且回答问题时可以简单直接，这样有利于女孩对性形成正确的认识。

方法三：在对女孩进行性教育的时候，父母应该把重心放在道德教育方面

不管是男孩还是女孩，在和异性相处的时候，首先要尊重自己，也要尊重对方，然后才能做到爱自己，也爱护对方。爱情本身是一件非常美好的事情，如果因为爱情而使得彼此都陷入身心的巨大创伤之中，那么爱情就会成为一场噩梦。尤其是妈妈，不妨告诉女孩未婚先孕的严重后果，让女孩意识到进行性行为也许会获得一时的快乐，但是付出的代价则是长久而又惨重的。有些女孩的身体条件非常特殊，也许在经历一次早孕而流产之后，就永久失去了生育的能力。毫无疑问，这对于一个女孩来说是非常残酷的事情。父母只有把这些事情都告诉女孩，女孩才会更加理性地对待性，才会有效地控制好自己。

青春期女孩虽然在体格上看起来和成熟的女性没有太大的

区别，但是她们的心智发育还不够成熟，人生经验也很匮乏，所以父母一定要做好女孩的监护者和引导者的工作，这样才能够保证女孩健康快乐地成长。尤其是妈妈，一定要告诉女孩与异性相处时要保护好自己，也要告诫女孩不要成为未婚妈妈。毕竟养育一个孩子需要承担很大的责任，未婚妈妈更是会受到社会的指责和排斥。面对如今越来越汹涌的堕胎潮，家有女孩的妈妈一定要防患于未然，不要等到女儿意外怀孕后再去想办法解决。与其亡羊补牢，不如理性地及时对女孩开展性教育，让女孩学会保护自己。

父母必须意识到，对于青春期女孩来说，只有对性知识足够了解，她们才能够有效保护自己，否则，在懵懂无知的状态下，她们很容易因为爱情受到伤害。妈妈在讲授性知识的时候，可以向已经进入青春期的女孩介绍多种避孕方式，这样一来，女孩就可以在性行为中保护好自己。当然，这不是鼓励女孩过早发生性行为，而是说，在性行为不可避免的情况下，妈妈要教会女孩保护自己的诸多方式。

父母对孩子的知心话：

孩子，你已经长大了，有了月经的初潮，也就具备了生育的能力。你已经成了一个大姑娘，对于爱情有了需求。当然，追求爱情是每个人的权利，在爱情还不够稳定的情况下，你要学会保护自己，知道如何守住自己的底线，也要知道如何才能够成功避孕，避免让自己成为未婚妈妈。

懵懂期的少女，谁不向往一见钟情式的爱情

在很多青春期女孩的心中，一见钟情是一件非常浪漫的事情。有的时候，女孩看到喜欢的男孩怦然心动，就误以为自己陷入了一见钟情的旋涡，无法自拔。实际上，现实生活中真正的一见钟情是很少发生的，大多数女孩之所以误以为自己一见钟情，只是一厢情愿的想象而已。

浪漫的一见钟情更多地出现在影视剧之中，因为这样来处理爱情的情节更能够吸引观众的关注，也可以给观众带来强烈的感情刺激。女孩不要被一见钟情的爱情故事所迷惑，尤其是不要被琼瑶式的爱情描写冲昏了头脑。要知道，虽然爱情是花前月下，看似不沾烟火的，婚姻却是脚踏实地、离不开柴米油盐酱醋茶的。从心理学的角度来说，每个人都会把自己对异性的想象和憧憬幻化成图片，存储在大脑之中。这样一来，当与之相对应的那个人出现的时候，她们就会恍惚地以为那个人是命中注定的唯一。实际上，这样的感觉纯属巧合，如果青春期女孩能够理性对待一见钟情，那么，哪怕遇到与自己的期望非常契合的异性，也可以冷静思考。

一见钟情的感情就像电光火石般灼热，虽然如烟花般绚烂，

却很难久保持下去。众所周知，烟花的一生是短暂的，当它在天空中绽放出热烈的色彩和奇幻的图案时，也就意味着它短暂的生命即将宣告结束。所谓的一见钟情，也会达到这样的效果，大多数一见钟情的感情在绚烂燃烧之后很快就会归于平静，甚至化为灰烬，所以女孩要知道真正的一见钟情很难遇到。怦然心动的时候，要保持理性，才能够更加看清楚自己的内心，才能够与心仪的异性走得更加长远。

一天放学回家，菲菲突然紧张兮兮地告诉妈妈：“妈妈，我又谈恋爱了！”但是，妈妈对菲菲的话有些不以为然。妈妈对菲菲说：“你隔三岔五就谈一场恋爱，而且对象总是变来变去，这说明你在感情上根本没有成熟，还需要更长时间的成长，才能够趋于稳定。”

听了妈妈的话，菲菲不由得感到很失落。她一本正经地告诉妈妈：“妈妈，我这次真的谈恋爱了。我对一个男孩一见钟情，他就是我梦想的白马王子。他高大帅气，充满阳光，我一直以来最想要的男孩子就是他的样子。”听着菲菲的话，妈妈忍不住抚摸着菲菲的脑袋，对菲菲说：“羞羞！”菲菲对于妈妈的表现很着急，她对妈妈重申：“反正我是真的恋爱了，不信你等着看吧！”看到菲菲严肃认真的样子和以往不同，妈妈感到有些紧张，虽然菲菲前几次恋爱都昙花一现，但是她这次明显比前几次更加认真。为此，妈妈决定仔细观察一段时间，如果看到菲菲与男孩有更进一步的交往，她便采取措施。

在对菲菲进行一段时间的细致观察之后，妈妈发现菲菲这次好像是动真格的了。所谓的一见钟情，让菲菲如同一个得意的爱人一样每天都容光焕发。妈妈决定找机会见一见这个男孩。在菲菲过生日的时候，妈妈如愿以偿地看到了那个男孩。男孩的确非常优秀，身材高挑，长相英俊，阳光帅气，别说菲菲喜欢这个男孩，就连妈妈也很喜欢这个男孩呢！在见过这个男孩之后，妈妈对菲菲恋爱的事情也开始严肃认真起来。找了个机会，妈妈对菲菲说："这个男孩的确非常优秀，你要想抓住他的心，和他一直在一起，一定要让自己变得优秀起来。记住，如果你因为恋爱而影响学习，落后退步，他也许就不愿意再和你在一起。要想遇到更好的爱情，就要先成就更好的自己。"菲菲对妈妈的话似懂非懂，她对妈妈说："我知道，就是我要非常好，才能够拥有更好的爱情。"妈妈点点头。

当女孩真正一见钟情的时候，父母不要强制她结束感情，尤其是在两情相悦的情况下，父母的强制非但不能起到积极的制止作用，反而会促使这段感情更快速地发展。所以明智的父母不会盲目地阻止女孩，而是会采取适当的方式引导女孩，告诉女孩，唯有成就更好的自己，才能遇见更好的爱情，也唯有不断努力地提升自己，才能够始终拥有爱人的陪伴。这样一来，女孩就会有更大的动力去学习，也会让自己变得更加优秀，这显然是最好的结果。

一见钟情之后，男孩和女孩很容易因为性格不合导致彼此分道扬镳，所以，面对女孩的一见钟情，父母无须过分紧张，也不要急于做出过激的反应。与其因为反应过激而导致女孩更加投入一段感情，还不如采取静观其变的态度，这样，在女孩认真对待感情的时候，父母也可以有的放矢地引导女孩。

父母对孩子的知心话：

孩子，当你把爱情化作动力时，在成长的道路上，你就会变得更加与众不同。现代社会，男孩与女孩的社会角色和地位完全平等，女孩不但要温柔美丽，也要有渊博的知识和超强的能力，才能拥有更好的爱情以及人生的伴侣。

尊重女孩追星的行为，正确引导追星的方式

青春期的女孩很容易陷入对偶像的疯狂追求和迷恋之中，这是因为，偶像每次出现在影视剧中的时候，或者出现在公众面前的时候，总是表现出最完美的一面。为此，女孩就对偶像产生了错误的认知，误以为偶像是没有任何缺点的，也觉得偶像就是她们最心仪的对象。尤其是青春期的女孩，她们正处于性意识的觉醒时期，对爱情的理解不够深刻，非常冲动。与此同时，女孩们还承受着巨大的学习压力、面临繁重的课业任务，为了让自己暂时从现实的沉重之中逃逸出来，她们便把思想和感情寄托在偶像身上。不得不说，虽然偶像满足了青春期女孩对于爱情的想象和对于感情的寄托，但是盲目追星对于青春期女孩的成长而言是非常糟糕的。

对于青春期女孩来说，她们的确急需一个人生的榜样。所以，偶像的出现，对她们的成长原本应该是一件好事情，如果她们可以从偶像身上学习优点和长处，努力提升和完善自己，成长就会得到力量。但是，如果她们对偶像的崇拜和追求达到狂热的程度，那么成长就会受到阻碍。

作为父母，我们要引导女孩理性追星，也要引导女孩以现

实生活中的人作为榜样。有些女孩对偶像的感情比对父母的感情还深，这是因为父母只会骄纵宠爱女孩，与女孩之间没有心与心的交流，也没有感情的共鸣，这直接导致女孩与父母的感情越来越淡漠，与父母的关系越来越疏远。

那么，父母如何正确地引导女儿追星呢？

方法一：引导女儿理智追星

乐嘉刚上高一，妈妈发现这段时间女儿的学习成绩下滑了很多，而且每个月的话费突然增加了不少。一开始，妈妈怀疑女儿早恋了，但她没有直接去询问女儿，而是通过各方面的了解得知，原来女儿最近迷恋上一个男子组合，而能上网的手机就成了她每日的明星信息来源平台，无论是上课还是下课，她都在用手机上网。

妈妈没有大声斥责乐嘉的行为，也没有马上收回女儿的手机，而是自己先去网络上全面了解了那个组合，然后专门为女儿制作了精美的明星相册，作为送给她的礼物。但送上自己这份特殊礼物的同时，妈妈也对女儿提出了自己的要求，希望乐嘉以后在学习的时候不用手机上网，而是专心学习功课。

乐嘉见妈妈不但没有反对自己追星，而且还支持自己，她在高兴的同时也很歉疚。从此之后，她真的没有在学习时利用手机查询明星的信息，而是专心学习，她的学习成绩也渐渐提高了。

这个妈妈真了不起，她尊重女儿、理解女儿，并且用自己的实际行动引导女儿，让女儿明白追星没有错，但是不能因此影响自己的生活和学习。

方法二：不要全盘否定女儿的偶像

有一个14岁的少女这样说起对妈妈的不满：

我一直很喜欢一个男演员，他的演技特别好，人也长得帅帅的，能让人忘记所有的烦恼。每天休息的时候，我就会看他演的电视剧来打发我的闲暇时光。

我的妈妈却对此很不理解，甚至还嘲笑我："那男演员长得有那么好看吗？你真没出息，成天失魂落魄的！"妈妈的话让我很难过，我喜欢偶像怎么就没出息了？妈妈这样侮辱我的偶像，我非常讨厌她！

由此可见，两代人关于追星的问题都有着自己的观念，但这种观念上的差异很容易在母女之间产生误解。

因此，父母即使不喜欢女儿追星或女儿有崇拜的偶像，也不要全盘否定她的偶像，否则既伤害女儿，又加深了母女之间的矛盾。

方法三：借助偶像身上的优点教育女儿

偶像身上也有这样那样的优点和缺点。作为父母，或许你比自己的女儿有着更敏锐的观察力、辨别力和判断力，因此你可以挖掘孩子喜欢的偶像身上具有的优点，鼓励孩子向她的偶像学习。例如，很多青少年偶像非常努力、奋进、坚强、乐观、阳光……这些优秀的特质都可以让女儿学习，进而帮助她提升自己。

所以，父母要在和自己的女儿共同了解其偶像的过程中，努力挖掘偶像的榜样作用，然后借助偶像身上的优点来教育女儿。

有人说，一千个人眼中就有一千个哈姆雷特。对于偶像，有的人疯狂迷恋，有的人则不愿意追随他们，甚至讨厌和唾弃他们。这样两种极端的感情都是没有必要产生的，因为偶像也是人，也有七情六欲，也有他们自身的优势和弱点，只有端正态度看待偶像，女孩才能避免盲目追求偶像、迷失自我。

父母对孩子的知心话：

你喜欢追求明星，这实际上是你对于真善美的追求，因为在你的心中这些明星就如他们塑造的影视剧形象一般光彩动人。实际上，荧幕上的形象只是偶像的一面，如果你真正喜欢一个明星，就应该深入了解他，知道他的喜怒哀乐，知道他的脾气秉性，并知道他的优点和劣势。就像每个人不可能十全十美一样，偶像也不是十全十美的，只有揭开偶像身上的神秘面纱，我们才能够更加走近偶像，才能够理性地对待偶像。

防止女孩网恋，最好的方式是学会科学上网

网络的普及和通信技术的发展，使得青春期女孩的成长有了更大的交际空间，除了与身边的人交流之外，通过网络和通信技术，女孩还可以与远在天边的人进行交流。这样一来，女孩当然有机会认识更多有思想的人，但是网络上的人鱼龙混杂，有很多别有用心的人混迹于网络，试图对青春期女孩伸出魔爪。所以，青春期女孩要想保障自身的安全，不但要注意在生活中保护好自己，在网络上也要有足够的警惕意识，这样才能避免受到网络黑手的伤害。

实际上，很多人使用的QQ、微信只是网络聊天的一种工具，对于那些熟悉和亲近的朋友来说，如果不能够面对面地交谈，使用这些工具进行交流是非常方便和快捷的。遗憾的是，很多青春期女孩对于这些聊天工具的定位产生偏差，她们觉得这些工具不但是聊天工具，而且是交友工具。为此，她们整日沉迷于网络，希望在网络上找到心爱的白马王子，这显然是非常危险的思想。在网络上交流的时候，每个人都躲在屏幕后面，根本不会露出真实的面目，这就给了犯罪分子以可乘之机，让犯罪分子有机会对女孩展开攻心术，实施诈骗，导致女孩遭遇

危险、受到伤害。

随着电脑的普及，越来越多的青春期女孩开始在网络上流连忘返或者在网络论坛不时地冒泡，或者在交友工具中通过随机抽取的方式为自己寻找朋友，还有的女孩会在婚恋网站上注册，为自己寻找白马王子。不得不说，尽管这些行为让女孩的生活半径扩大，但是其产生的效果实在难以评说。也许有的女孩运气好，的确会通过网络交到喜欢的朋友，但是这样的好运气并不是经常存在的。大多数女孩在网络上谈心的时候，往往会被犯罪分子所利用，导致陷入不该有的情绪旋涡之中。

很多父母反对女儿上网，也正是基于上述这些担心——怕被坏人欺骗。青春期女孩正处在幻想、做梦的年纪，对美好的爱情充满了期待和向往。在网络上和陌生人谈恋爱更让她们感到神秘、浪漫，所以，很多女孩在网上谈起了恋爱。而一些人更是抓住青春期女孩的这一心理特点，把罪恶的手伸向了她们。

既然网络有这么多的弊端和陷阱，我们是不是应该反对女儿上网呢？答案是否定的。首先，我们生活在信息时代，网络是获取知识和信息的工具，如果我们反对女儿上网，则是在一定程度上让孩子拒绝现代文明。其次，网络本身是中性的，它是起到积极的作用还是消极的作用，完全取决于我们怎样利用它。所以，我们不应该反对女孩上网，而是要正确地引导她们，让网络成为她们获取知识和信息的工具。

方法一：制定计算机使用规则，防止女儿上网成瘾

一个妈妈这样谈起自己的育女经验：

我听说很多孩子都沉溺于网络游戏，还因此耽误了学习，便跟女儿说："妈妈可以让你使用计算机，但是要给你制定一个计算机使用规则，你答应吗？"女儿非常爽快地答应了。我想了想，给女儿制定了这样一个计算机使用规则：

第一，回家必须先写作业，写完作业才可以上网。

第二，每次上网时间不能超过1小时。

第三，可以听听歌、看看新闻，也可以适当玩些游戏，但是不要沉溺于游戏当中，更不要浏览不健康的网站。

后来，我把这份计算机使用规则贴到了计算机旁边，以提醒女儿。因为女儿事先答应了我的要求，所以尽量按照订下的规则去做。当然，女儿也有控制不住自己的时候，上了1小时的网仍恋恋不舍，不肯关机。这时候我会提醒她，并把规则念给她听。经过我的提醒，女儿一般都会乖乖地关机。

在女儿违反规则时，妈妈不要纵容她，一定要按照规则执行。此外，我们也要充分信任女儿，这样，她们就会自觉地约束自己了。

方法二：引导女儿把网络当成一种学习方式

李镇西老师指出，很多中学生之所以在网络上浪费了大量时间，是因为他们上网没有明确且积极的目的，一切都是盲目的。李老师同时指出，妈妈应该积极引导女儿，让她带着任务上网，把网络当成一种学习方式。告诉孩子上网不仅可以聊天、玩游戏，还以看新闻、查资料等。当女儿明白了这些之后，她上网时就可以做很多更有意义的事情了。

方法三：让女儿注意网络安全

因为网络具有虚拟性，所以存在一定的安全隐患，这也是妈妈必须提醒女儿的。妈妈要告诉女儿不要到网吧上网，因为网吧里人员复杂，更不安全。此外，妈妈还可以在计算机上安装保护软件，以便过滤那些“黄色”和“暴力”的内容，让女儿远离不良信息的干扰。

父母对孩子的知心话：

孩子，网络上的爱情是不可信的，尤其是现代社会，有很多人都居心叵测。他们为了掩饰自己，在网络的面具之下改变真实模样，表现出完美的样子。所谓画虎画皮难画骨，知人知面不知心，正所谓路遥知马力，日久见人心，要想拥有真正的朋友，要想收获纯真的爱情，你一定要避开网络的陷阱。

第九章

良好的习惯，是女孩最珍贵的礼物

晚上睡眠良好，白天才会精力旺盛

每天保证正常的睡眠时间是很重要的，一般成年人的睡眠时间应该为七到八个小时，孩子的睡眠时间维持在九个小时最佳。这样才能够维持稳定的生物钟规律，有益于身体健康。俗话说："身体是革命的本钱。"对于孩子而言，没有健康的身体就没有获得幸福人生的本钱。因而，孩子们一定要养成良好的睡眠习惯。

除了父母给予的压力之外，女孩在成长的过程中也会被其他事物耗费精力。例如，现代社会手机已经普及，网络成为大多数家庭的标配，所以女孩常常会情不自禁地沉迷于网络的世界，或者在网上浏览新闻，或者是在网上与朋友交流，总而言之，在不知不觉之间，她们就把时间白白浪费掉了。其实，与其花费时间刷朋友圈，或与陌生的网友交谈，还不如把这些时间用来充分休息。这样，女孩在学习的时候才会有更好的状态。

睡眠不足不但会导致孩子的智力发育受到影响，而且会使孩子的身体出现相应的变化。例如，如果睡眠不足，孩子的呼吸系统会受到损伤，消化系统功能也会大大减弱。尤其是对于女孩而言，在青春期，身心均会快速成长、发展变化，缺乏睡眠还会使她们的内分泌系统和生殖系统的功能发生紊乱。因此青春期女孩一定要更加重视睡眠。睡眠充足还有利于女孩保持良好的情绪面对生活中的各种事情，所以女孩千万不要当夜猫子。尤其是很多女孩非常爱美，睡眠不足还对女孩的皮肤不利。长期睡眠不足，还会导致女孩神经衰弱，身体各方面的功能变得紊乱。

晨晨的妈妈非常重视晨晨的睡眠习惯。为了能够让晨晨从小养成良好的睡眠习惯，晨晨妈妈可以说是亲力亲为，监督着孩子按时睡觉。按照妈妈的要求，晨晨每天晚上九点必须上床睡觉，早上七点半起床，中午还要再睡上两个半小时。算下来，晨晨每天的睡眠时间高达 13 个小时。

老人们总是说："孩子就是在睡觉的时候长身体的。"对此，晨晨妈妈深信不疑。面对着孩子每天 13 个小时的睡眠时间，晨晨妈妈认为不长，睡觉时间越长越好。直到有一天，李磊妈妈参加了一个健康培训。专家专门讲述了有关"睡眠"的相关知识，晨晨妈妈才知道：睡眠时间并不是越长越好，要适度；过长或过短的睡眠时间对身体健康都是有害的。

的确如此，睡眠时间也有要求，过长或过短均有害于健康。正如事例中的晨晨妈妈，很多家长都非常重视孩子的睡眠问题，密切关注孩子的睡眠时间是不是足够，习惯性地认为睡眠时间越长越好。睡眠时间不足，的确有损身体健康。人们在白天的时间里耗损了很多机体能量，需要通过睡眠来补充。例如，晚上十点到凌晨两点是人体新陈代谢的时间段，在这段时间里旧细胞会死去，新细胞会生成。如果睡眠时间保证不了，人们的身体无法及时修复，长此以往，就会容易衰老。除此之外，睡眠不足还有很多危害，如从心理学角度讲，睡眠不足会引起人们的心理疲惫，导致情绪失控、焦虑急躁，还会引发消化不良、食欲减退、身体内环境失调以及抵抗力下降等问题。因此，足够的睡眠时间是调整身体状态、维持身体健康的保障。

然而，睡眠时间并不是越长越好，过长的睡眠时间同样会危害身体健康。研究表明，人们在睡眠中，各项机体活动均处于减弱的状态，新陈代谢降低，能量消耗少，大量的垃圾堆积在身体里，非常容易引发肥胖、生物钟紊乱、内分泌失调、心脑血管等一系列问题。

由此可见，养成良好的睡眠习惯绝非易事，既不能长时间睡觉，也不能熬夜，同时还应保证睡眠质量。因此，建议女孩子应做到以下几点：

第一，早睡早起。早睡早起身体好，是自然界的规律，顺应规律才能保持身体健康。

第二，睡前不宜进行激烈的运动。睡觉前做一些和缓的运动，时间不要太长，一般维持在 20 分钟足矣。

第三，睡前一杯牛奶能够保证睡眠质量。牛奶中含有催眠的成分，有助于使神经进入睡眠状态。

第四，睡前泡脚，有助睡眠。泡脚可以让人身体放松，精神放松。不仅如此，泡脚还能打通人体经脉，调节气血，是一项非常经济实用的保健方式。

第五，南北向睡眠。地球是一个大磁场，南北向睡眠能够顺应地球磁场，有效提高人们的睡眠质量，对治疗失眠、神经衰弱、血压不稳等慢性疾病有非常不错的疗效。

第六，枕头不宜过高。对于孩子而言，身体正处于快速发育期，枕头的高度不宜过高。特别是新生儿，可以考虑不枕枕头。

良好的睡眠，对于女孩子来说非常重要。研究表明，良好的睡眠不仅有益于智力发展，对情绪也有很大的影响。如果孩子没有养成良好的睡眠习惯，会变得易怒、烦躁、活动能力减退、记忆力减退，等等。因此，作为家长，在关注女孩子智力发展的同时，更应关注孩子的健康，帮助孩子养成良好的睡眠习惯尤为重要。健康是一切，没有健康的身体，任何成就都会显得无限苍白。

父母对孩子的知心话：

孩子，你现在很喜欢熬夜，但是你早晚有一天会受到这个坏习惯的困扰，也会因此而承受这个坏习惯带来的痛苦。每个人都需要充足的睡眠，这不分年轻人还是中年人、老年人。越是年轻人，越是应该保证睡眠，这样才能让身体健康成长，所以不要以任何借口剥夺自己享受充足睡眠的权利。要记住，拥有良好的睡眠，是你这一生最大的福气。

吃饭不能挑食，否则摄入营养会不均衡

女孩处于快速生长发育期，饮食习惯会不断发生变化，所以她们对食物的偏好也会有所改变。尤其现在遍地洋快餐，让女孩们在饮食方面受到了莫大的诱惑。不得不说，洋快餐的口味很符合女孩对于食物口味的追求。有些女孩不但喜欢吃洋快餐，还喜欢吃烧烤、辛辣的食物，或者是吃路边小吃摊上的臭豆腐等。食物都是入口的东西，对于女孩的身体健康会起到很大的影响，而女孩正处在身体发育的关键时期，必须摄入有益健康、营养均衡的食物，才能茁壮成长。因此女孩不要总是贪图口味的一时之快而钟爱垃圾食品，否则就会让身体在不知不觉中受到损害。

雯雯已经是小学四年级的学生了，但跟同龄孩子相比，她体形瘦弱，身高偏低，每次体检医生都说她不达标，建议合理饮食。而雯雯的父母何尝不想让雯雯吃得多一些，营养摄入全面一些，可是雯雯就是不配合，父母为此大伤脑筋。雯雯不但吃饭的时候心不在焉，她还总是挑食。只要是她喜欢吃的东西，例如土豆丝，她就大口大口地吃个没完。看见自己不喜欢的，例如蒜薹、青菜、油麦菜，无论父母怎么劝说，她就是不肯吃

一口。而且，她还爱吃甜食，例如蛋糕、甜饼干等，就是不喜欢吃馒头、米饭这些主食。父母每次劝说她多吃主食，雯雯就十分不情愿，吃到嘴里又吐了出来，父母真希望找个好办法，纠正雯雯的不良饮食习惯。

孩子只钟爱一种食物，对其他食物冷眼相对，父母必须认真对待。偏食挑食会对孩子的身体造成不利影响。一些孩子因为长期缺乏某种营养，抵抗力下降，容易患病，如发烧感冒等，还会引发贫血、缺钙等疾病。孩子偏食，不但在体形上小于同龄孩子，还会影响孩子的智力发育。据英国一项调查表明，挑食偏食的孩子在智力发育指数上要比营养摄取全面的孩子低十四分。此外，挑食偏食表面上只是对孩子的身体造成影响，实际上也会给孩子的心理带来影响。当孩子不愿吃某种东西，妈妈会产生焦虑心理，久而久之，这种焦虑就会传染给孩子，让孩子一看到食物便产生不安。

孩子在饮食上有所偏好，可能受父母在饮食上挑三拣四的影响，也可能是因为在日常生活中，父母做饭种类单一、色彩搭配不好，影响了孩子的食欲。还可能因为孩子从很小的时候对某种食物表现出排斥，父母为了让孩子尽快用餐，顺应孩子的心意，孩子想吃什么就做什么，不喜欢吃的父母也不愿花时间去纠正，时间一长，孩子就习惯了专门挑选自己喜欢的东西吃。

中国人吃饭讲究粗细搭配、荤素搭配、主食副食搭配、干稀搭配等，并且食物的颜色还要搭配得当，这才是合理的饮食。合理饮食能满足人对各种营养物质的需求，能为孩子一天的玩要和学习提供充足的能量。即使现代人生活忙碌，无法满足合理搭配的需求，也要尽可能保持进食多样化，千万不可只偏爱于某一种或某几种食物。

改正孩子偏食挑食的毛病，培养良好的饮食习惯，其实并非难事，家长万万不可采取强迫的方式让孩子用餐，这样做会适得其反。父母只要多一些耐心与包容，给孩子充足的时间，孩子一定能逐渐改正挑食的毛病。下边是帮助孩子改正挑食偏食习惯的几种方法。

方法一：父母要起到示范作用

要想让孩子不偏食、不挑食，父母要以身作则，对每种食物表现出进食欲望，并带头吃，吃完之后对食物的味道大加称赞，孩子则会效仿。

方法二：耐心告诉孩子挑食偏食对身体的危害，引起孩子的注意

父母要让孩子知道，人处于生长发育时期，一定要保证身体摄入的营养成分比较全面。如果缺少某种营养，就会患上某种疾病，会大大阻碍身体其他方面的发展。父母在教育孩子时要有理有据，讲究科学性，等孩子逐渐意识到挑食是一个很严重的问题时，父母的矫正才能慢慢起作用。

方法三：父母尽可能在烹饪上下功夫

在保证营养的前提下，父母可合理搭配食物颜色，还要根据孩子的喜好适当改变饭菜的样式。例如孩子不喜欢吃炒菜喜欢吃饺子，就把多种蔬菜拌成饺子馅，满足孩子的需求。孩子不喜欢吃水煮蛋，就做西红柿炒鸡蛋或是鸡蛋羹。改变之前的食物样式，孩子可能会更喜欢。

晴晴最不喜欢吃蔬菜了，如果看到餐桌上有油麦菜、木耳、青椒、黄瓜等，她连尝都不愿尝一口。妈妈为了纠正晴晴这个坏习惯，特意想了个办法。她知道晴晴平时最喜欢吃面食，于是把心思花在面食的改良上。为了让晴晴多吃些蔬菜，她换着花样给晴晴做面，今天吃打卤面，明天吃炸酱面，后天吃拌面，过两天吃炒面等，把各种不同的蔬菜切碎了与面条掺杂在一起。

除了丰富面条的种类之外，妈妈还在饭菜的外形上下功夫。她买来各种磨具，把米饭弄成小熊的形状，用胡萝卜做小熊的眼睛，用黄瓜做小熊的鼻子，用黑木耳做小熊的耳朵，用西红柿做小熊的嘴巴，米饭被装扮得十分好看，晴晴看见满心欢喜，立即就吃了。

此外，妈妈为了迎合晴晴的口味，经常变换配料，外加自己的创意搭配，在原有食材的基础上，使饭菜千变万化。这些饭菜经常让晴晴耳目一新，她自然就更加喜欢吃饭了。

方法四：让孩子在吃饭时，学会照顾别人的情绪

家庭用餐不是一个人的事情，而是一种集体行为。作为集体中的一分子，孩子应该从父母那里得知，吃饭时要想着别人，照顾别人。如果自己喜欢吃什么，就全据为己有，不给别人留，而把自己不喜欢吃的东西推到别人面前，这样是不礼貌的行为。家长要让孩子知道，你喜欢吃的东西，别人也喜欢吃，大家共同分享，吃饭才更有意思。家长还应该让孩子知道，每盘菜都吃完才是对做饭者的最佳鼓励。培养孩子的饮食习惯从就餐礼仪做起，这样孩子才能慢慢丰富自己的饮食结构。

方法五：对孩子的进步给予适当奖励

孩子不喜欢吃某种东西，父母切忌责骂孩子。如果吃饭的时候心情不好，更会影响食欲。父母可以为孩子定规矩，把每一种菜都尝一遍。如果孩子今天吃了很多口他平时不喜欢吃的食物，父母要及时给予适当鼓励和表扬，增强孩子尝试多种食物的信心。

此外，如果孩子食欲差，对食物挑三拣四，父母就要带孩子去医院做检查。为促进孩子的食欲，在医生的指导下服用一些药物也未尝不可。

父母对孩子的知心话：

人生是漫长的，你有很多机会去品尝各种各样的美食，当然，前提是你必须从现在开始就努力摄入那些健康新鲜的食材，这样才能够给身体最好的保护，才能够为身体提供足够的营养元素。身体是革命的本钱，只有拥有健康的身体，你未来才能在更大的世界里走走看看，品尝美食。

合理的锻炼，才会有健康的体魄

常言道："生命在于运动。"要想维护女孩的身体健康，强健她的体魄，除了要给她提供合理且充足的营养之外，更要重视女孩的运动和锻炼。运动和锻炼是女孩的活力之源、健康之本。真爱孩子的父母，一定会把女孩培养成一个善于运动和锻炼的人。

一个不常运动的孩子，往往没有足够的技巧和力量去和那些经常运动的孩子进行对抗，而一旦在初次的运动过程中受到打击或者挫折，不常运动的孩子就会产生一种技不如人的自卑感，进而越来越不爱运动。

因此，父母必须注意培养女孩经常运动的好习惯，因为运动会让她更健康、更有活力、更热爱生活。

那么，父母具体可以通过哪些方法引导女孩爱上运动呢？

方法一：鼓励女孩参与自己感兴趣的运动项目

有一个妈妈这样讲述自己的育女经验：

春节前夕，我带着9岁的女儿洋洋去度假村游玩。在度假村的广场上，洋洋看到很多年龄跟她差不多的孩子都穿着轮滑鞋在广场上自由地滑行，还有一些女孩不时地做一些花样动作，引来一阵阵掌声和欢呼声。

我见洋洋看得很入迷，于是便问她想不想像他们一样学轮滑，女儿马上高兴地点点头。于是，第二天，我就带着女儿报了那个轮滑训练班。刚开始，女儿还兴奋地去学习，可当她发现自己穿上鞋后连站都站不稳，而且老是摔跤后，就有些想打退堂鼓。这时，我就鼓励她说："每个初学者都和你一样，那些技术高的小朋友也是从你现在这个阶段挺过来的，只要你咬紧牙关熬过去，就能像他们一样自由自在地在广场上滑行了。妈妈相信你，更支持你！别人能做到的，我女儿一定也能做到！"

在摔倒很多次后，女儿终于能够穿着轮滑鞋自由地运动了。等到夏天来临的时候，女儿已经可以在我们小区广场上自由地滑行了。而且由于女儿掌握了这种新本领，她很快成为自己朋友圈里的小名人。原本内向、自信心不足的她也逐渐变得开朗了很多。

很多女孩为什么不愿意外出运动呢？无非就是她们觉得体育锻炼是一件非常枯燥、乏味、令人劳累的事情，所以很多时候她们宁愿想出各种各样的理由待在房间或教室里，也不愿出去运动一下。

因此，父母必须首先激发女孩对运动的兴趣，为她选择一项她心仪的运动项目，然后在她灰心或想要放弃时不断地鼓励和支持她，让她坚持运动。等到女孩娴熟地掌握了这项运动的技巧时，你就会发现，她真的爱上了运动。

方法二：组织女孩与伙伴们一起互动

聪聪是个小胖墩儿，妈妈本想教她借助运动减肥，可是这小丫头就是一点儿都不喜欢运动，每次运动都需要妈妈催她好几次，而运动没有五分钟，她就嚷嚷着累，然后要回家。看着女儿越来越胖的身体，她的妈妈非常担忧。

一次偶然的机会，聪聪的妈妈结识了一位业余网球教练，而那位教练也在为女儿不爱运动而发愁。于是，两个妈妈一商量，如果让两个小女孩一块儿运动，说不定她们反而会有积极性。几天后，聪聪的妈妈以带她去玩儿为由，带女儿去参加了网球训练，同时也叫上了教练的女儿。事情果然如两个妈妈所期望的那样，两个女孩很投缘，凑在一起玩得很开心。后来，两个妈妈为了让她们运动得更有积极性，就鼓励她们叫上自己的伙伴一起参与进来。一段时间后，聪聪妈妈惊喜地发现，女儿不但成功地减轻了体重，身体变得健康强壮起来，而且她的运动技能和运动积极性都大幅度地提高了。

运动需要耐性，而小孩子缺少的恰恰就是耐性。但如果他是其他小朋友一起运动，这种运动的积极性就会保持得长久一些。所以，要想让女孩爱上运动，并始终保持运动的激情，妈妈最好能找几个小伙伴和女儿一起运动。

父母对孩子的知心话：

生命在于运动，孩子，你若能从小养成坚持运动的好习惯，对你的身心健康将会起着很大作用。也许你现在会觉得锻炼很辛苦、很累。但在将来的某一天，你会发现从小养成锻炼的习惯后，你会拥有怎样健康的体魄。

控制电子产品，莫让孩子深陷其中

孩子看电子产品有其好处，一是陶冶情操，二是启迪智慧。如今电视节目丰富多样，不同年龄的孩子都能有针对性地去观看，不但能开阔眼界，增长知识，还能使孩子的新闻感知度和是非判断能力得到提高。但是电子产品也会给孩子带来不好的影响。从身体健康方面来说，如果孩子长时间坐在电子产品前一动不动，减少了活动时间，会造成肥胖。孩子处于婴幼儿时期时，视网膜和晶状体发育还未成熟，过长时间观看电子产品，容易影响视力和视觉发育，对视网膜和晶状体造成损伤。电子图像反复在脑海中出现，还会妨碍孩子的睡眠，不利于孩子的学习。

从心理健康上来说，电子产品上有很多不健康的或是消极的节目，会影响孩子的心灵发育。如果一个人在婴幼儿时期就对看电子产品着迷，她们的脑部可能会被过度刺激，致使正在发育的大脑结构发生改变，这就相当于受到电子影像的“催眠”。孩子在三岁之前，脑部发展非常迅速，很容易受电子影像的影响，一旦看电子产品的时间超过限制，孩子就容易焦虑不安，冲动暴躁，注意力不集中，有些孩子甚至还有暴力和攻击倾向。

作为父母，我们不能否定电子产品的优点，但也不能忽视其缺点，因此父母应告诫孩子“凡事都要适可而止”，特别是在看电子产品这个问题上，更应该讲究分寸。

可是如今越来越多的家长抱怨，自己的孩子对电视过分着迷，每天一进家门打开电视就坐下观看，能一动不动坚持一两个小时，什么事情都顾不上做。就连吃饭的时候都要一手端着碗，一手往嘴里扒拉饭，然后目不转睛地盯着电视。长此以往，不利于孩子的成长。

幼儿园大班的小一菲特别喜欢看电子产品，最近她迷上了一部动画片。每天小一菲从幼儿园一回到家中，放下书包，第一件事就是去开电视，然后坐在沙发上观看。奶奶让她去洗手，她也听不见，让她吃水果，她自己也不去拿，奶奶只好把水果递到她的手里。但就是这样，她的心思也全都放在动画片上，随便吃两口饭就继续看电视了。

一会儿奶奶做好饭，爸爸妈妈也下班回来了，他们呼唤小一菲过去吃。小一菲说：“不行不行，我还没看完动画片呢。”爸爸和妈妈就轮番劝说，但小一菲仍是不为所动。如果爸妈强烈要求，小一菲也会过去吃饭，但只扒拉两口就说自己吃饱了。等到动画片演完之后，爸妈已经把饭菜收拾了，这个时候小一菲又说自己饿了，刚才没吃饱。

这样反复几次后，爸爸非常愤怒，告诫小一菲：“以后大家吃饭的时候，你一定要一起吃，不能再看电视。”然后强行断了网。小一菲不停地哭闹，不开电视就拒绝吃饭，爸爸气得没办法，但又拗不过她，只好再次把网络打开。

孩子过分迷恋电子产品，让父母心力交瘁。父母要想帮助孩子矫正这个坏习惯，可以参考如下方式。

方法一：父母要起到表率作用

其实，在现实生活中，不仅孩子迷恋电子产品，大人们也同样离不开电子产品的陪伴。有些大人经常手拿电子产品一动不动地连着看好几集电视剧，并乐此不疲。但是他们却要求孩子到房间去做作业、去读书，并喋喋不休地说着小孩子看电子产品的坏处。俗话说："言传不如身教。"父母与其不辞辛苦地劝告，还不如以身作则，先把自己看电子产品的时间安排妥当。当孩子做作业或是思考什么事情的时候，千万不要打开电子产品。如果孩子在自己独立的空间内学习，父母在看电子产品时也要尽量调低音量，不要打扰孩子。

方法二：逐渐减少孩子看电子产品的时间

如果孩子坐在电视前不肯走，父母首先要避免的一件事就是强行关掉电视。这样做虽然显示了父母的权威，但却相当于剥夺了孩子的权利。因为孩子每天在家中都要看电子产品，已经将其视为生活的一部分，如果遭遇父母强行阻止，很可能会对父母产生抵触心理。最好的方式就是先跟孩子约定好看电视的时间，例如从周一到周五，孩子每天可以看一个小时的电视，到了时间就要关掉电视。另外，在观看电视的时间内，还要跟孩子约法三章，例如，看电视之前先要做作业或是看完之后就要去做功课，或者是吃饭的时候不能看等。待父母和孩子双方达成一致后，就可以按照此规则执行。

方法三：父母陪孩子一起看电子产品

如果孩子在看电子产品的时候，父母能陪同，一方面对家庭氛围的和谐发展有好处，另一方面父母可以帮助孩子有选择地看电子产品，避免不良电视节目对孩子的危害。当今电视节目广告众多，容易让孩子受到迷惑，特别是一些垃圾食品，宣称健康，但却含有非常高的热量和脂肪。孩子的自控力差，受广告影响很容易去购买，父母陪同孩子看电视或电子产品，可以对广告内容解释说明，避免孩子上当，或者是直接屏蔽掉广告。

方法四：转移孩子的注意力

当然，孩子如果对某个电视节目表现出极大的兴趣，有时很难转移他们的注意力，但是也可以尝试一下用孩子最喜欢的事情去吸引他们，例如带他们出去散步，和其他小朋友玩耍，或是给他们玩玩具等。孩子长时间待在家中，势必会借助电子产品感受不一样的生活。如果多带他们出去走走，和其他孩子玩玩，就会分散他们对电子产品的关注度，还有利于孩子的身体健康。

方法五：不要在孩子的房间放电子产品

当今时代，人们生活越来越富裕，家中有多台电子产品是常有的事。但是，家长尽可能不要给孩子的房间放电子产品。因为如果给孩子专门准备了电子产品，孩子将会独自躲在房间内看，会不自觉地疏远父母。另外，逃脱了父母的视线，孩子会更加没限制地看电子产品，这样不但会影响他们的休息和学业，如果看到不适合少年儿童观看的节目，孩子的身心还会受到损害。

总而言之，孩子如果迷恋电子产品，父母应该及时给予关注，并处理好这类问题。只要父母为孩子细心讲述长久看电子产品带来的危害，并给孩子一定的空间，孩子自然能合理把握自己看电子产品的时间，并有针对性地选择要看的内容。

父母对孩子的知心话：

孩子，当你每天把全部精力都放在电子产品上，久而久之，不仅会影响身体的发育，更会产生精神上的空虚。爸爸妈妈从来没有让你与电子产品隔绝，但你一定要明白，那只是你生活休闲的一部分，而非你的全部。抬起头看看外面的天空，与大自然亲近何尝不是一件愉快的事情呢？

勤俭节约，女孩消费要理性

现在的女孩生活在富足的年代，没有经历过苦日子，不知道勤俭节约的重要性。而一些妈妈对女孩也是十分娇惯，既不让女孩干任何家务，女孩要买什么东西，也是千方百计地去满足。在这些父母的心目中，这样做是在爱女儿，殊不知，是在害女儿。作为父母，应该在教育女孩的过程中多多引导女孩，从而帮助女孩形成正确的金钱观。

在很多奢侈消费的影响下，女孩对于金钱的需求也越来越大，虽然女孩还没有正式进入社会，但是社会风气已经渗透到校园之中。例如，很多女孩为了追求名牌而不断向父母索要金钱，只为穿着浑身的名牌与同学攀比。不得不说，对于学龄的孩子来说，优秀的品质和优异的成绩就是他们最好的装扮，而所谓的名牌只是徒有其表而已，不值得女孩去追求。

也许有的父母会说，现在的生活富足了，我们没必要再提倡勤俭节约了。在任何时候，勤俭节约都是一条朴素的真理，都有提倡的必要。更何况，孩子吃喝花费都靠父母供给，更没有奢侈的理由。现在的女孩不懂得勤俭节约，这在一定程度上是因为平时她们被父母娇惯坏了。所以，要想培养女孩勤俭的美德，父母要舍得让女儿劳动，并且让她知道赚钱的不易，认识到勤俭节约的重要性。

方法一：父母为女儿树立一个好榜样

父母是孩子学习的榜样。值得我们注意的是，现在很多父母习惯于和他人做比较，不仅比吃比穿，还比谁的住房大，谁的轿车更高级。其中一些生活较为富足的父母更是把这些当作炫耀的资本。其实，这样做是不对的，这会让孩子把很多精力放在吃饭穿衣上，并且去和同学、朋友进行比较，从而养成爱虚荣、爱奢侈的坏毛病。所以，父母一定要厉行勤俭，给女儿树立一个良好的榜样。

方法二：用生活中的小事来培养女儿勤俭节约的好习惯

培养女儿勤俭节约的好习惯，可以让女儿从节省一张纸、节约一度电，帮父母扫扫地、擦擦桌子开始。这些事情虽小，但是时间长了，孩子就会慢慢养成勤俭节约的好习惯。值得注意的是，现在很多父母舍不得让女儿干活儿，更不忍心在花钱方面限制女儿，认为让女儿受苦受累便是对不住她们。其实，这样想是不对的，现在让孩子受些苦受些累，总比她们长大后受苦受累要好。所以，父母应该让女儿勤做家务，在花钱方面也不要过分娇惯她们。

方法三：让女儿体验赚钱的艰难

乐姗的妈妈是做餐馆生意的，家里比较富裕，所以花起钱来大手大脚。她的爸爸妈妈常常跟她讲赚钱多么不容易，但是乐姗根本听不进去，照样大手大脚地花钱。为此，她的妈妈决定改变这种状况。

一年暑假，妈妈对乐姗说："妈妈的餐馆里正缺一名小工，你去给妈妈帮几天忙怎么样？妈妈按其他工人的工资标准给你开工资，每天50元。"乐姗一想能够赚到钱，于是她非常爽快地答应了。但是这些钱并没有乐姗想象的那样好赚，她一天几乎跑断了腿、累弯了腰，才赚到区区50元钱，还不够买一件衣服。

有了这次"打工"经验，乐姗知道了赚钱的辛苦，再也不像以前那样胡乱花钱了。

苦口婆心地告诉女孩要节俭、不要乱花钱，远不如让她体验一下赚钱的艰辛和不易来得有效。当她知道挣钱要付出多少辛苦、多少汗水时，才真正会对钱有一个概念。当她知道妈妈的钱来之不易时，她才会厉行节俭，再也不胡乱花钱了。至于如何让女孩体验到赚钱的艰辛，可以让她在寒暑假"打打工"（妈妈可以做她的"雇主"），还可以带她到工厂参观等。

方法四：培养孩子的感恩之心

要想培养女孩合理的消费观念，父母还要引导女孩拥有感恩之心。一些女孩之所以觉得金钱得来很容易，也从来不为金钱操心，往往是因为她们对父母缺乏感恩，从不体谅父母的辛苦。女孩如果知道父母挣来的每一分钱都是辛苦得到的，那么，她们花着父母的钱时，就会精打细算，把每一分钱都花到刀刃上，这样一来，她们自然更容易做到合理消费。

父母对孩子的知心话：

孩子，我们的家庭只是一个普通的工薪家庭，这使爸爸妈妈不可能像那些大富豪一样给你奢侈的消费。但是你很幸运，因为妈妈和爸爸给了你健康的身体，也希望能够给你充实的心灵。你要知道，金钱虽然在生活中是不可缺少的，却从来不是万能的，在日常生活中，有更多比金钱更重要的东西值得我们去珍惜和追求。只要内心越来越充实，我们就会受到金钱的禁锢和奴役。爸爸妈妈希望你能够成为一个财务自由的人，不是要求你必须很有钱，而是希望你能够成为一个凌驾于金钱之上的人生强者。

美丽的公主一定是一个爱干净的女孩

每个女孩都应该讲究卫生，只有搞好个人的卫生，让自己变得干净清爽，才能在与人接触的时候给人留下良好的印象。毫无疑问，没有人愿意和一个脏兮兮的女孩相处，所以女孩要以讲究卫生来提升自己的形象。女孩的美丽有很多种，但是不管是哪种魅力，都要建立在干净整洁的基础之上。

很多女孩只喜欢化妆，穿漂亮的衣服，而她们的个人卫生却搞得一塌糊涂，实际上这对于女孩来说完全是本末倒置。因为干净卫生是对女孩日常生活的基本要求，在此基础上，女孩才能选择浓妆艳抹，或者穿时尚靓丽的衣服。反之，如果女孩连最基本的干净卫生都做不到，那么，即使把自己打扮得再漂亮，也是毫无意义的。

个人卫生情况很差的时候，女孩不但形象欠佳，其身体也会因为卫生状况而散发出难闻的体味。这样一来，女孩就会遭到他人的嫌弃，自然无法发展和维护良好的人际关系。由此可见，搞好个人卫生不但和女孩的形象密切相关，而且和女孩发展人际关系有很重要的联系。

古人云，由俭入奢易，由奢入俭难。这句话告诉我们，一个人从穷奢极侈的生活变成勤俭朴素的生活是很困难的，同样的道理，若一个人平日里严于律己，那么，当他想要提升对自己的要求的时候，就会变得相对简单。女孩要想打造完美的形象，就一定要具有自我约束力，能够进行理性的自我管理，只有这样，才能够有效约束和管理自己，最终让自己习惯成自然，表现出良好的形象。

没有人会因为女孩的长相是否漂亮而对女孩有特别的看法，这是因为身体发肤受之父母。对于女孩来说，长相完全是天生的，自己无法通过后天的努力去改变。但是，女孩是否干净，则是自己可以做主的。只有干净整洁的女孩，才能给他人留下好印象。反之，如果女孩总是邋里邋遢，就会使人不愿意与之亲近。

张檬是个很爱面子的女孩子，从小时候起便时时注重自己的个人形象。她特别爱干净，手、脸，包括穿着等总是干干净净的，因此她很受大家的喜爱。

张檬的母亲是一位医生，因为职业的关系，她特别注意培养女儿的卫生习惯，时常叮嘱女儿要勤洗手脸、勤洗澡、勤换洗衣服等。

妈妈还告诉张檬，如果不讲卫生，就容易染上疾病，导致自己的心情也不好。而且在与人交往时，脏兮兮的样子也会让人讨厌。没人会喜欢脏兮兮的女孩。

因此，张檬从小就讲卫生，养成这种良好的习惯后，她赢得小伙伴和大人的喜欢，从而也让她更加自信、阳光、开朗。

从心理学的角度来说，保持个人的干净卫生不但是良好的生活习惯，而且是积极心态的外在表现。通常情况下，喜欢把自己的生活打理得干净整洁的女孩，往往怀有积极主动的心态。

即使没有上课铃作为催促，她们也会在清晨的时候早早起床，洗漱干净，并穿着得体，干净清爽。早起床，女孩才可以在上课之前做好充分的准备，准备好上课的必需用品，并让自己洗漱一新，从而带着良好的精神面貌去面对老师和同学。

如果一个女孩对于自己的卫生都不能够保持好，那么她做什么事情才会积极主动呢？女孩一定要对自己的形象非常重视，要以最好的形象示人，这样才能够给他人留下好印象，并建立起良好的人际关系。当然，卫生状况还关系到女孩的身体健康。可想而知，如果搞不好个人卫生，女孩的身体就会出现各种各样的问题，健康也会受到损害。很多女孩都在努力地追求美，努力把自己变成美的化身，而真正的美一定要以干净整洁为基础。其实，只要女孩每天都坚持对自己的清洁，就会渐渐地养成良好的习惯。养成讲卫生的好习惯后，很多女孩如果没有完成洗漱，甚至无法入睡。除此之外，还要注意勤换洗衣服，因为身体每天都在进行新陈代谢，所以要及时换洗衣物，让衣物在清洁之后充分地被阳光照晒，让衣物留有新鲜的阳光味道。

父母对孩子的知心话：

作为女孩，你一定要爱惜自己的身体，要注意自己的个人卫生。唯有如此，你的身上才会散发出清香，你才会让人愿意接受。记住，一个女孩如果连个人卫生都不能搞好，那么她就无法成为美丽的女孩。最美的女孩是爱干净的女孩，也是一个勤于洗漱使自己变得清爽的女孩。

第十章

打造优雅女孩，从良好的教养开始

有礼貌的女孩，走到哪儿都受人喜爱

随着社会的发展，国民素质也在不断提高，为此，文明礼貌交往成为在整个社会范围内提倡的一种交往方式。不得不说，一个粗俗无礼的人和一个彬彬有礼的人，给人的感受是截然不同的。当然，礼貌并非表面表现出来的那种客套，从本质上而言，它是一个人综合能力的外显，也是一个人交际能力的体现。自古以来，中国就是礼仪之邦，人们彼此之间崇尚礼节，讲究文明，因此，如果没有礼貌，女孩就很难在社会上立足，也无法发展良好的人际关系。

语言是思想的外衣，很多青春期女孩误以为所谓的礼貌就是说诸如“谢谢”“对不起”“请”和“很抱歉”等这样的话，实际上这些语言只是礼貌的外在表现形式，真正的礼貌是由内而外的思想认知。人是群居动物，每个人都要在人群之中生活，与各种各样的人发生关系。假如没有礼貌，人们之间的交往就会变得很僵硬，缺少礼貌的润滑剂，人际关系也不能如愿以偿地发展。

礼貌还是一种非常伟大的力量。女孩也许没有美丽的容颜，没有机敏的思维能力，但是一定要懂得礼貌。在面对陌生人的时候，能够做到礼貌地称呼他人，可以给他人的心灵带去如春风般的抚慰，也将得到他人慷慨的回报。这就是礼貌最伟大的力量。礼貌还是一种风度，是每个人最美丽的容颜。它的作用远远胜过那些浓妆艳抹的作用。如果一个女孩非常美丽，却出口成“脏”，而且在公共场合里总是高声喧哗，丝毫不顾及别人的感受，那么这样的女孩即使长得再漂亮，也是不受欢迎的人。所以说，女孩可以没有美丽的容颜，但是一定要有礼貌，这样才能够给他人留下温和有礼的印象，才能受到他人的欢迎。

场景一：

过完新年，9 岁的静香和 8 岁的表妹玉珍去给姥姥拜年。姥姥早就给两个外孙女准备好了礼物，一个毛毛熊玩具和一块电子手表。谁知两个女孩不仅没有向姥姥道谢，还因为争抢电子手表打闹起来。姥姥无可奈何地说：“你们都长这么大了，怎么还不知道谦让啊。”

场景二：

公交车到站，一位老爷爷和 6 岁的孙女上了车。这位老爷爷年纪已经很大了，还为孙女背着沉重的书包。一个小伙子见了，赶紧站起来让座。谁知小伙子刚站起来，那个小孙女就坐到了座位上。小伙子不满地说：“我是把座位让给你爷爷的。”那个女孩说：“你把座位让给爷爷，爷爷也一定会把座位让给我的。”小女孩的爷爷也附和着说：“让她坐吧，我不坐了。”小伙子非常不满意，小声说：“这小女孩真不懂礼貌。”

对于女孩来说，讲文明、懂礼貌显得更为重要。所以，我们要让女儿从小养成讲文明、懂礼貌的好习惯，让她成为一个受欢迎的人。

方法一：妈妈自身要懂礼仪

妈妈是孩子的第一任老师，也是孩子学习的榜样。身教大于言传，榜样的力量是无穷的。如果妈妈平时不注重自己的礼仪修养，在公共场合大吵大闹，在街上随地吐痰，抑或张口就吐脏字，这些都会“传染”给自己的孩子。所以，妈妈在平时一定要注意自己的礼仪修养，给孩子树立一个好榜样。此外，值得一提的是，妈妈应该摆正礼仪教育观念。有的妈妈怕孩子吃亏，事事都纵容孩子，这就容易让孩子形成以自我为中心的倾向，从而常常做出“失礼”的行为。我们应该明确这样一个教育观：我们要培养的是讲文明、懂礼貌的人，而不是骄纵、任性的“小公主”。

方法二：教会女儿使用文明用语

一个妈妈这样谈到自己的育女经验：

在女儿2岁的时候，我就开始教育她使用“请”“谢谢”等文明用语。我教育她的方法非常简单，就是把这些文明用语用到女儿身上。例如，我让女儿帮我递一件东西，我会对她说：“嘉嘉，请把衣服递给妈妈。”等女儿把衣服递给我后，我会说：“谢谢嘉嘉。”慢慢地，女儿也就学会使用这些词语了。在以前，女儿总是用命令的语气和我说话：“妈妈，把苹果递给我，快一点儿。”后来，她会这样和我说：“妈妈，请把苹果递给我。”当我把苹果递给她后，她还会说一声“谢谢妈妈”。

儿童心理学家研究表明，在孩子一两岁的时候，就可以有意识地教他们使用“再见”“对不起”“谢谢”“早上好”等文明用语。通过反复的强化练习，孩子会慢慢形成习惯，从而成为一个讲文明、懂礼貌的人。另外，在教育孩子使用文明用语的时候，我们不应该使用说教、批评的方式，这样的效果并不好，甚至可能会引起孩子的反感。

小姨给梦洁买了一个毛绒玩具，梦洁非常高兴，伸手就要去拿。妈妈拨开她的手，生气地说："我是怎么教你的？接受别人的礼物时你应该怎么说？"梦洁非常不情愿地说："谢谢小姨。"

用这样的方式让女儿说出"谢谢"，女儿肯定不是发自内心的，下次一定还会忘记。在这种情况下，妈妈可以对小姨说："谢谢你送给梦洁这么可爱的玩具。"女孩是非常敏感的，当她听到妈妈说出"谢谢"两个字时，马上会意识到自己没有感谢小姨。此外，妈妈还可以在事后引导女儿："小姨送给你这样可爱的玩具，你是不是应该给小姨打个电话谢谢她呢？小姨接到你的电话后一定会非常高兴。"通过妈妈的引导，女儿会发自内心地感谢小姨，并且养成使用文明用语的好习惯。

父母对孩子的知心话：

女儿，你可以没有美丽的容颜，也可以没有华贵的衣服，还可以没有美丽的妆容，但是一定要有礼貌的言行举止。当你成为一个彬彬有礼的女孩时，你必然会给他人留下良好的印象，也会成功地打造优雅高贵的形象。这样一来，你才能够最大限度提升自身的素质和水平，成为人际交往中的佼佼者。

对于别人的帮助，真诚及时地感谢

生活中，一个人即使能力再强，也不可能成为个人主义的英雄，因为每个人总要生活在人群之中。当自身能力不足，不足以解决所面对的难题时，我们往往需要求助于他人。现代社会的分工和合作越来越密切，每个人都要借助于他人的力量才能增强自身的力量，懂得分工和合作对他们的成长是至关重要的。

现实生活中，有很多女孩是家里的宝贝疙瘩，总是习惯于接受父母和祖辈无微不至的照顾。她们习惯了伸手索取，而从来不懂得付出，甚至误以为自己是整个世界的核心，是整个世界的主宰。这种情况下，很多女孩即使受到了他人的帮助，也觉得理所当然，不得不说，这种不懂得感恩、不会把感谢说出口的行为，只会导致自己在下一次求助于人的时候被拒绝。

女孩要想得到他人的慷慨相助，得到他人的认可，就一定要懂得礼貌，在得到他人的支持之后马上给予他人真诚的感谢。否则，女孩的冷漠和自私必然使她们未来在遇到难题的时候只能孤独地面对。现代社会，有很多人经常怨天尤人，其中也不乏一些女孩，常常对身边的人感到不满，却不知道身边的人为她们付出了多少。要想真诚地感谢他人，就要拥有一颗感恩之心，要懂得身边人的付出，也要珍惜身边人的付出。女孩一定要善于说谢谢，也要真挚地表达感谢。

小雅已经十岁了，她从出生开始就得到全家人无微不至的照顾，从来没有因为吃穿住行发愁过，每天都过着衣来伸手、饭来张口的生活。为了小雅能够在拥挤的地铁里坐着，每天早晨，妈妈都会带一个简易的小板凳，让小雅坐在地铁上。这一天，和往常一样，两人上了地铁之后，妈妈找到一个角落，打开板凳，小雅一屁股坐在板凳上，昏昏欲睡。这个时候，旁边一个大妈提醒小雅："姑娘，你长得比妈妈还高，几岁了呢？"小雅看着大妈，不愿意回答，这时候妈妈在一旁回答："她十岁了，读五年级。"原本妈妈以为大妈想夸赞小雅长得高、长得漂亮，却没想到大妈对小雅说："姑娘，你已经十岁了，怎么就不知道体贴妈妈呢？你很累，难道妈妈就不累吗？妈妈为了你，每天还得拎着一个板凳，只为了让你在地铁上坐得舒服一些。我想，你可以把板凳让给妈妈坐，或者你至少要对妈妈说一声谢谢吧！"

妈妈没想到大妈会说出这样一番话，有些吃惊地看着小雅，不知道小雅做何反应。没想到小雅对大妈说："你这个人可真是多管闲事儿，我妈妈愿意我坐着，这关你什么事儿呢？而且我上学多辛苦呀，我就应该坐着多休息一会儿。"听到小雅的回答，以前没有意识到这个问题的妈妈显然有些失望。大妈对小雅说："姑娘，你已经长大了，要懂得心疼妈妈，妈妈带板凳给你坐是心疼你，你就算不把板凳让给妈妈坐，也至少要真诚地对妈妈表示感谢。”在大妈的坚持下，小雅最终极不情愿地对妈妈说：“谢谢！”得到女儿的感谢，妈妈心里百感交集，因为这种感谢并非女儿真心实意说出来的，而是在路人的坚持下她才勉为其难地说出来的。妈妈意识到自己对于小雅的教育也许有很大的问题，因为，一直以来，她只知道为小雅付出，却从未教会孩子懂得感恩。

在这个世界上，在新生儿呱呱坠地之后的那段时间，父母对新生儿是完全无怨无悔、无私付出的。但是，随着孩子渐渐成长，父母与孩子之间的关系也发生了微妙的变化，从孩子完全依赖于父母，到孩子逐渐独立，而至此，父母与孩子之间的交往就应建立在彼此尊重和理解的基础上。尤其是在孩子真正长大成人之后，如果他们不懂得回报父母，父母一定会感到非常遗憾和伤心。然而，父母不知道的是，孩子之所以没有感恩之心，也不懂得给父母一定的回报，就是因为他们始终认为父母对他们的好是理所当然的，他们根本就没有感谢父母的思想。因此，父母一定要从小就提醒孩子拥有感恩之心。也许一句谢谢并不代表什么，但是可以让得到感谢的人对自己的付出无怨无悔，心中也感到非常温暖。

谢谢不是一句冷漠、机械的礼貌用语，更不是一种形式上的礼貌表现，而是一个人发自内心感恩另外一个人的支持、帮助和付出的简单方式。尽管谢谢只有两个字，但是它承载的情谊很深，尤其是在家庭生活中，父母更要教会孩子说谢谢，只有在这样不断重复的熏陶之中，孩子才会拥有对父母的感恩之心，才会在未来与他人进行交往的时候把说谢谢当成是理所当然的事情。

父母对孩子的知心话：

这么多年来，你从来没有感谢过妈妈和爸爸，这不是因为我们为你做得太少，而是因为我们为你做得太多，多到让你认为我们的付出是理所当然的。从现在开始，你要学会对爸爸妈妈说谢谢，当你走出家门面对陌生或者熟悉的人时，也要学会对他们说谢谢。谢谢让你与他人之间的关系更加和谐融洽，也让你能够得到他人的认可和真诚的帮助。

举止优雅，让气质由内而发

很多父母都希望自己的女儿能够成为一个谈吐文明、举止优雅的小淑女。谈吐文明、举止优雅带给女孩的好处实在太多了，它不仅增加了女孩自身的魅力，还赋予了女孩高贵的气质，让她们获得更多的赞赏和尊敬。

有一个妈妈这样抱怨说：

我女儿7岁了，是一个大大咧咧的女孩。别人家的小姑娘说话都是细声细气的，但是我女儿却是个“皮猴子”，不仅大声地说话、唱歌，有时候还和小男孩摔跤、爬树，没有一点儿女孩的样子。现在我非常着急，女儿要是一直这样发展下去，将来怎么办才好呢？

生活中，那些谈吐文明、举止优雅的女孩更受大家的青睐。所以，为了让女儿拥有更好的气质，妈妈一定要在言谈举止方面引导她们，让她们成为小淑女。

要让女儿做到举止优雅，成为小淑女，就要告诉她们淑女的标准，并且引导女儿去执行。在举止方面，妈妈对女儿的影响非常大，所以妈妈应该为女儿树立一个良好的榜样。

方法一：妈妈要为女儿树立一个良好的榜样

天瑜的妈妈是一家建筑公司的项目经理。由于工作的关系，她非常豪爽，说话粗声粗气，有时候还大声地批评下属。在妈妈的影响下，天瑜也变得“不拘小节”，她大声地唱歌，把玩具弄得七零八落，有时候甚至还带着小伙伴去和其他的小孩打架……

在气质塑造上，妈妈对女儿的影响是十分巨大的。女儿常常把妈妈当作自己模仿的对象，如果妈妈不注意自己的言行举止，那么女儿也会变得“不拘小节”，并最终变成一种常态。所以，要想把女儿培养成谈吐文明、举止优雅的小淑女，妈妈首先要做一个优雅女人。

方法二：告诉女儿成为淑女的标准

很多妈妈都希望自己的女儿能够成为一个人见人爱的小淑女。在生活中，当女儿的一些言谈举止不符合淑女的标准时，妈妈常常提示甚至批评她们：

“不要这样大声说话！”

“不要挖鼻孔，文明一点儿！”

“淑女一点儿好不好！”

……

这种说法是不对的，一方面，妈妈用批评、说教的方式去引导女儿，容易引起她的反感；另一方面，妈妈没有告诉她怎样的言谈举止才符合淑女的标准，女儿没有规则可以去遵循。所以，妈妈应该给女儿提供一些成为淑女的标准。

第一，行为举止方面。站立的时候要身体直立、挺胸收腹，不要耸肩、塌腰，更不要表现得无精打采、萎靡不振；行走的时候要不急不缓，不要表现出慌乱、着急的样子；坐着的时候要挺直上身，不要半坐半躺，更不要抖腿、晃脚。另外，在待人接物的时候要从容大方，不要慌慌张张。

第二，神情方面。在和人交往时，要常常面带微笑，表现出对他人的尊重和理解。另外，在公共场合不要做出剔牙、挖鼻孔、掏耳等不雅动作。

第三，谈吐方面。和人说话时不要粗声粗气，说话语气要温柔和缓，给人一种如沐春风的感觉。另外，在和人交往时要多用文明用语。

方法三：为女儿寻找一个偶像

现在的孩子都热衷于追星，这在小女孩身上尤为明显。如果让女儿盲目地去崇拜那些演艺明星，会对她们的学业、价值观、审美观造成一定的消极影响。在这种情况下，妈妈不妨顺应女儿追星的心理，找一个言谈举止优雅、事业成功的女性让女儿去喜欢、去模仿。这样，女儿不仅找到了自己崇拜的人，还会学习她身上的气质和优点，努力让自己也成为一个优雅的小淑女。

父母对孩子的知心话：

孩子，也许妈妈和爸爸没有给你美丽的容颜，但是我们希望你丰富充实自己的心灵，让你的人生变得与众不同。记住，气质是永远无法被美丽取代的，它可以让你焕发出独特的光彩。你拥有独属于自己的年质，将是你独特的标识，也是让你区别于他人的不同所在。

把同情心植入孩子潜意识，让孩子成为有德之人

同情心是人类的重要情感之一，具有同情心的女孩更能体会他人的感受，更能包容和体谅他人，更容易与他人建立良好的人际关系、拥有幸福的人生。同情心不是一朝形成的，这需要长期的、潜移默化的熏陶，从外入内，在孩子的潜意识中形成。在这个过程中，父母是孩子的启蒙老师，需要重视孩子的情感发展，抓住生活中的所有细节，丰富孩子的情感，帮助孩子培养出同情心来。

在一个温暖的午后，欢欢和爸爸在郊区的公园里散步。看着眼前鲜花灿烂、绿树成荫的迷人景致，欢欢和爸爸有些流连忘返。

忽然，欢欢大叫道："爸爸，爸爸，你看那边的那位老太太多好笑。"顺着女儿手指的方向望去，只见一位白发苍苍的老人，穿着厚厚的冬衣，一只手扶拐杖，另一只手颤颤巍巍地想要摘一朵花。

"老人年纪这么大了，还想要摘花，看她的样子似乎走路都有些困难了。"听着女儿的话，父亲脸上的微笑消失了，他狠狠瞪了一眼女儿，快步走到老人的身边，问道："老人家，您想要做什么？我可以帮助您。"老人抬头看了看欢欢爸爸，说道："我想要摘一朵花，今天是我那老头子的生日，他瘫在床上10

年了，不能出屋，就想看看春天里的鲜花。”看着老人眼睛里打转的泪花，欢欢爸爸难受极了。他将老人扶到座椅上坐下，转身走到花丛中摘了一朵美丽的鲜花，对老人说道：“我送您回家吧。”老人点了点头。

之后，欢欢和爸爸在谈起这件事情时，爸爸总是责备欢欢没有同情心，他对欢欢说道：“天气那么热，那位老人还穿得那么多，她肯定是身体不好。颤颤巍巍地想要摘一朵鲜花，随时都有摔倒的可能，你不仅没有要帮助老人家的想法，反而去嘲笑老人家，太没有同情心了。”

欢欢默默地低下了头，她觉得爸爸批评得对，她确实需要好好反省一下自己。

事例中欢欢的行为并不是一个特例，现在的很多孩子都缺乏同情心，如公共汽车上一些孩子从不给老人让座。这种现象不得不让人担忧，孩子们是祖国的下一代、未来的希望，她们如果缺乏同情心，社会上还会有爱吗？作为父母，我们有责任培养起孩子的同情心来，那么，到底应该怎样培养孩子的同情心呢？

方法一：不要扼杀孩子的同情心

很多小朋友都非常有同情心，如他们不愿意妈妈杀鱼，会因为妈妈杀鱼而痛苦；看到别的小朋友哭泣也会跟着伤心。这些都是孩子同情心的表现。作为家长，我们不应该因为孩子的这些行为而训斥孩子，否则便会扼杀孩子的同情心。

方法二：潜移默化地影响孩子

想要培养孩子的同情心，家长首先应以身作则，富有同情心。这样才能在生活中潜移默化地影响孩子的情感世界。

方法三：面对孩子的破坏行为，家长要采取怀柔战术

经常会看到草坪中的这些提示：“不要踩我，我怕疼。”这是一种非常好的方法，会让很多行人都脚下留情。对于正在实施破坏的孩子，家长也可以采用这个方法，告诉孩子：“不要再摔它了，它快哭了。”这样更容易激发起孩子的同情心。

方法四：鼓励孩子多帮助他人

例如，在生活中，看到小朋友摔倒，家长可以鼓励孩子去帮助一下他们，让孩子在帮助他人的过程中建立起同情心。

方法五：经常向孩子求助

家长也有需要帮助的时候。这时，我们可以向孩子求助，告诉孩子自己的状况，让孩子感受到自己是被需要的，让孩子有机会表现一下自己的同情心。

著名教育家陈鹤琴先生说过：“同情行为在家庭里、在社会上都是一种非常重要的美德。若家庭里没有同情行为，那父不父、母不母、子不子，家庭就不能称其为家庭；若社会上没有同情行为，尔虞我诈，每个人都十分自私，社会也难以称其为社会了。”由此可见，家长们一定要从小培养孩子的同情心。

父母对孩子的知心话：

孩子，做一个有同情心的人。你对他人付出爱，就会收获人世间爱的回馈。当你能用感同身受对待身边的人、身边的弱小，就会收获正能量的回报。到时候，你会发现，你的付出物有所值，你的内心也会充满欢乐。

谦虚使人进步，不做盲目自大的女孩

和那些不希望自己区别于其他人的女孩不同，有些女孩非常希望自己能够鹤立鸡群，能够赢得更多人关注的目光，为此她们总是故意让自己显得与众不同。殊不知，这种区别于他人的方式并不高明，那些真正优秀的人，哪怕他们一声不吭，也会有人关注他们；而那些只相信他人眼球的人，哪怕他们故意标榜自己的独特，也往往难以达到预期的效果。

在成长的道路上，女孩儿会有很多的进步，也会有很多犯错的时候。对于成长而言，这些情况都是正常的。女孩要时刻鞭策自己，砥砺前行，避免让骄傲自满的心态成为成长的绊脚石。要记住，在这个世界上并没有绝对完美的人，每个人都会犯各种各样的错误，每个人都有自己的优点，也有自己的缺点，女孩千万不要因为只看到自己的优点而扬扬得意，也不要因为只看到自己的缺点而自卑沮丧。只有客观公正地认知自己，知道自己既有优点也有缺点，从而理性地扬长避短、取长补短，才能够更加自信、全面地成长。

骄傲的女孩会给自己的双眼蒙上一层眼罩，看不到更高、远的地方，变得自私狭隘、目中无人、见识短浅。即使一个女孩非常优秀，在某些方面的造诣很深，她也不能骄傲自大。因为，仍然有很多知识是她不知道的，需要她去学习，向他人请教。谦虚，是一种美德，是人们不断进取的一种态度。“生命有限，学海无涯”，任何一个具有谦虚品质的人都有进步的动力，都会不断进步。

兰兰是个漂亮可爱的小女生，不仅成绩优秀，家庭条件也很好。兰兰的父母都是做大生意的，经济条件非常好，所以从小兰兰就在一堆名牌衣服中长大。在学校，兰兰是班里的“文艺骨干”，是同学们眼中的小明星；在家里，兰兰是父母的掌上明珠，集万千宠爱于一身。在这样的环境下，兰兰开始自命不凡了，她变得有些狂妄自大，骄傲的情绪不断膨胀。只要一有机会，兰兰就会显摆自己、贬低他人，惹得班上其他同学都非常不喜欢她。

一次，一个小朋友问了兰兰一个问题。没想到兰兰竟然大声说道：“你可真笨呀，连这个问题都不会，可真是笨死了。”结果，这位同学生气了，说道：“你这个人怎么这么没有礼貌，我只不过是问了你一个问题，你竟然如此不尊重别人，难怪大家都不喜欢你，你的确挺讨厌的。”说完，这位名同学从兰兰手中扯回作业本离开了。班上的同学也纷纷指责兰兰，有的同学甚至挖苦她道：“有什么了不起的，以为自己是谁呀。”气得兰兰大哭了起来。

接着班里开始选班长，兰兰之前一直都是班里的班长，但这一次她落选了，而且输得很惨，全班同学竟然没有一个人投她的票。看着其他几名竞选人的名字下面都横七竖八地画着计票的标记，而只有自己的名字下面一个标记都没有，“干净”得让兰兰无限尴尬。

回到家里，兰兰伤心地哭了起来，连晚饭都吃不下去，边哭边嘟囔着：“为什么不选我呀，他们的能力都没有我强，凭什么都不选我？”兰兰的爸爸听完兰兰的讲述后，明白自己孩子的身上出现了问题——孩子有些骄傲，总是瞧不起同学，那么同学们又怎么可能会喜欢她呢？他耐心地向孩子分析缘由，含蓄地指出了兰兰的毛病。兰兰听完之后，羞愧地低下了头。

骄傲是一种不良的心理状态，作为父母，应该给予孩子正确的引导，使孩子养成谦虚的品质。那么，父母应怎样培养孩子谦虚的品质呢？

方法一：让孩子认识到骄傲的危害和谦虚的好处

培养孩子谦虚的品质，首先需要向孩子讲清谦虚和骄傲对孩子成长的不同影响。谦虚使人进步，骄傲使人落后。谦虚的人时刻都保持着空杯心理，不自满，总会不断地学习，充实自己；而骄傲的人则自大自满，总是高看自己，觉得谁都不如自己，看不起身边的人，看不到别人的优点，不屑于向别人学习。因此，他们不仅不会进步，还会倒退。

除此之外，谦虚的人更容易建立起良好的人际关系来。因此，他们懂得尊重他人，有亲和力。而骄傲自大的人，则总觉得高人一等，看不起身边的人，导致人际关系很糟糕，得不到大家的喜爱与认可。

这就是谦虚与骄傲的区别。

方法二：教会孩子客观评估自己

任何人都有自己的优点和缺点。对此，每一个孩子都应客观、全面地认识到，自己的优点再多，也有不如别人的地方。即便是别人的缺点再多，也有值得自己学习的地方。培养孩子谦虚的品质，首先应该让孩子学会客观地评估自己，看到自己的不足之处，看得见别人的过人之处，取长补短，不断进步。

山外有山，人外有人。带孩子多见识见识外面的世界，开拓孩子的视界，才能让孩子认识到自己还差得远呢，才能避免盲目的骄傲，避免孩子成为井底之蛙。

父母对孩子的知心话：

如果你觉得自己获得的成功太容易，那么不如把目标定得更加远大一些。这样一来，你就会发现你如今取得的小小成就并不足以值得骄傲。你一定要更加严格地要求自己，只有努力攀登上更高的山峰，你才会看到更远的风景。

尊敬长辈，孝顺是最大的美德

每种文化都有它的优势和劣势，尽管传统文化在很多思想观念方面处于封建保守的状态，但是，传统文化主张的敬老爱幼，则是应该作为中华民族的传统美德继续流传的。很多孩子因为从小就受到长辈的关心呵护，总是肆意享受长辈的照顾，而丝毫没有意识到自己对长辈应该保持尊重的态度。在长大成人之后，这样的孩子未免会因为对长辈失敬而招致他人的反感，尤其是女孩，更是应该懂得礼貌、尊重长辈，这样才能够给他人留下良好的印象。

在中华民族的传统文化中，长辈这两个字含有丰富的含义，所谓长辈，本身就意味着他们在辈分上很高，理应受到小辈尊重和敬爱。但是，我们也不必盲目地对长辈表示服从。作为晚辈，我们可以表达和长辈不同的意见，不过要以恭敬的态度表达，而不要对长辈颐指气使，更不要对长辈的话完全不放在心上。

现在很多孩子被娇惯坏了，俨然成了家里的“小公主”。在这样的环境影响下，孩子没有了辈分观念，不仅对长辈缺少了基本的礼貌和尊重，更缺少了孝心和爱心。

场景一：

每到菁菁生日那天，妈妈都会给她买一个大蛋糕，做一大桌子菜，让她过一个快乐的生日。但是菁菁不知道妈妈的生日是哪天，她也从来没有问过。

场景二：

这一天，因为公司临时来了工作任务，妈妈晚上一直加班到9点才回到家。然而，女儿不仅没有问候一下妈妈为什么这么晚才回家，反而非常不满地对妈妈说："妈妈，你怎么现在才回来啊！我还没吃饭呢，你快去给我做饭吧。"

上面两个事例，都是在生活中发生过的，我们应该充分意识到，培养女儿孝顺长辈的好品质是非常必要的。

孝顺这种美德是会传递的，如果父母孝顺长辈，孩子看在眼里，也会孝顺父母。当然，除了要给女儿树立一个好榜样外，父母还要让女儿知道自己为这个家所付出的辛劳，这样，女儿就会更懂得孝顺父母了。如果家里有老人，可以让女儿为他们做一些力所能及的事，这样也有助于女儿养成孝顺长辈的好品质。

方法一：妈妈要以身作则

曾经有这样一篇报道：

一位年过八旬的老奶奶一生养育了六个儿女，到头来却无人为她养老，一个人孤单地在养老院里生活。在中秋节那天竟然没有一个儿女前去探望，甚至连个问候的电话也没有，老人非常凄凉。现在，儿女们连她住养老院的钱也不给出了，她已经生活不能自理，不知道以后该怎么办。在记者的采访过程中，老人的儿女个个都很委屈，数落老太太以前的不是，没有人主动提出要赡养老人……

乌鸦尚知道反哺，何况是人呢？谁都有老的一天，等老人的这六个儿女将来年迈时，他们的后代会如何对待他们？

父母是孩子学习的榜样，一言一行都会影响到孩子。所以，父母在和长辈相处时，一定要孝顺、体贴。有了父母的表率，孩子都会看在眼里，记在心上，最后也会有孝顺长辈的好品德。

方法二：让女儿理解妈妈的辛劳

敏芬的妈妈是一家医院的护士，每天工作都非常累。有时候下了班，妈妈会对 8 岁的敏芬说："今天妈妈太忙了，胳膊有些痛，你快给妈妈揉一揉。"等敏芬给妈妈揉完胳膊，妈妈会对她提出表扬。时间长了，敏芬知道妈妈每天都非常忙，就不再吵闹着让妈妈带她去玩儿。有时候她还会对妈妈说："妈妈，今天你累吗？用芬芬给你揉揉吗？"

中国有一句俗语，叫作"不养儿不知父母恩"。现在很多孩子不知道孝敬父母，是因为他们不知道父母的辛劳，久而久之，把父母对自己的爱当作理所当然的事。一家晚报报道，一个地区数所小学联合进行了一个主题为"什么事让我最感动"的调查问卷。结果 54% 的小学生认为"自己不是一个容易受感动的人"或者"我没有遇到过让我感动的事"，在"你做过哪些让妈妈感动的事"一栏里，很多孩子都交了白卷。虽然父母对孩子的爱并不要求回报，但是父母应该让孩子知道父母为他们付出的努力和辛劳。这样，才会让孩子拥有一颗感恩的心，并对父母充满爱和敬意。

方法三：让女儿从小事做起

一天，我带女儿到同事家去玩，同事送了女儿一盒甜点，那是她老公去西班牙的时候顺便买来的。回到家后，女儿打开包装就吃起来，并且不住地赞叹：“真好吃，实在太好吃了。”我对女儿说：“平时爷爷奶奶有好东西都留给你，现在你有了好东西，是不是也应该让爷爷奶奶尝一尝？”女儿想了想，拿着那盒甜点走到爷爷奶奶的房间，对他们说：“爷爷奶奶，我这儿有一盒好吃的甜点，你们尝一尝吧。”爷爷奶奶虽然没吃，但是女儿的行动让他们感到非常高兴，不住地表扬女儿。从爷爷奶奶的房间回来后，女儿又去吃那盒甜点，她吃着吃着，忽然好像想起点儿什么，走到我面前说：“妈妈，你也吃一块吧。”

以上是一个妈妈记录的一件生活小事。对于生活中的一件小事，这个妈妈不但没有轻易放过，而且以它为“教材”，给女儿很好地上了一堂关于“孝顺”的课程。

在生活中，细节最能表达一个人的孝心。为长辈倒一杯冰、捶一次背、亲切地问候一声、有好吃的东西让长辈先尝一尝……这都是孝心的表达。所以，父母在培养女儿的孝心时也要从细微之处入手，这些点滴小事不仅可行，还要持之以恒，让女儿养成习惯。等这种习惯一旦养成，她也会成为一个孝顺的孩子。

另外，在培养孩子孝顺美德的过程中不要用命令的口气，也不要强迫孩子去做，父母应该和颜悦色地和孩子说话，并且最后对孩子提出表扬。这样，孩子才能够在孝顺长辈的过程中体验到快乐和满足，从而更愿意去孝顺长辈。

父母对孩子的知心话：

女孩一定要对长辈有礼貌，这不但是自身素质和涵养的表现，也不仅关系到礼貌，而且代表女孩的心灵是否美好。人生不仅有归途，更有来处，我们尊重长辈，正是对生命的敬畏和尊重。

第十一章

宽容以待，世界上不存在“问题女孩”

抽烟喝酒，好女孩如何沾染上了恶习

青春期，不仅很多男孩会沾染上抽烟喝酒的恶习，很多女孩也会因为好奇而在不知不觉中沾染烟酒。殊不知，抽烟喝酒对于身体有百害而无一利，尤其是对于本身就缺乏自制力、情绪容易冲动的青春期女孩而言，如果在酒精的麻痹作用下失去自控力，导致不能控制自己的言行举止，由此造成的后果会非常严重。

男孩都认为抽烟的男人显得非常成熟、有魅力，女孩也误以为抽烟的女人有一种独特的美。其实，这是因为女孩对于美丽的理解太过肤浅，她们认为所谓的魅力就是表现出来的一种形式，实际上，真正的魅力是由内而外散发出来的，是由一个人的素养、知识以及精神世界综合呈现出来的。青春期女孩来说一定不要把魅力和抽烟喝酒等同起来，而应该从心灵深处丰富自己，这样才能够让自己成为有独特魅力的女性。

杭州市某医院临床心理科曾接待了一位15岁的小姑娘，她穿着一身肥大的校服，是被妈妈连拖带拽硬拉进诊室的。落座后，女孩一直闷不作声，无论医生问什么，她都不开口说话。看得出来，她非常排斥医生。

“医生，这孩子上小学的时候挺让人省心的，学习成绩也一直挺好的，可是自从升入初二，她就像变了一个人似的，一点儿也不听话。在学校里也不认真学习，成绩一落千丈，还经常和不爱学习的学生混在一起抽烟、喝酒、逃学。我们说她几句吧，她还大发脾气，搞离家出走，好几次我们都是在酒吧里找到她的……”妈妈无奈地跟医生说。

青春期女孩正处在身心快速发育的关键时期，在这个阶段，虽然女孩看起来身高和体重都增加了很多，但是她们的生理系统和生殖器官都不太成熟，因此，她们身体的抵抗力很差，一旦受到外界有毒物质的侵扰，身体就会受到很大的影响，甚至遭到严重的损坏。美国的一位科学家经过长期的研究发现，如果一个人从青春期就开始抽烟，那么，他在整整一生之中，比正常的健康人患病死亡的概率会提升至少三倍以上。抽烟会伤害青春期女孩的肺部，导致女孩的肺活量大大降低，肺部感染的可能性会大大增加，而且会伤害女孩正在发育之中的声带。抽烟最大的危害在于，香烟中的尼古丁会影响女孩的智力发育，导致女孩在学习方面表现出明显的滞后性。看到这里，聪明的女孩一定知道抽烟对于身体是有百害而无一利的，所以女孩一定要远离香烟。在日常生活中，与他人交往的时候，若发现身边有人抽烟，也要远离这些抽烟的人，从而避免受二手烟的伤害。

如果说抽烟的危害是需要长期积累才会体现出来的，那么喝酒对青春期女孩的危害则更加直截了当。酒精会麻痹人的神经，使人在短暂的时间里陷入昏迷的状态，失去理性。酒精还会伤害女孩的脑部神经，如果女孩在酒精中迷失自我，更是会导致严重的后果。所以青春期女孩一定要远离酒精，这样才能够有效地保护自己。试想，一个醉得昏昏沉沉的女孩，如何能够保证自身的安全呢?

很多女孩都觉得喝酒是一种有个性的表现，且非常豪爽，所以，在很多看似迫不得已的场合里，她们总是随意喝酒。美国公共卫生局医务长官曾经进行过一项专门的调查报告表，在美国 14 岁的青少年之中，每五个人里就有一个人曾经有过醉酒的经历。事实上，喝酒会影响青少年的成长，还会导致很多青少年在醉酒的状态下沾染毒品，从此无法摆脱毒品的危害。

当然，青少年之所以会喜欢上喝酒，与家庭环境和周边人的影响有很密切的关系。作为父母，我们应该监管青少年的行为，不要给青少年树立负面的榜样，尤其是要考虑到酒精对人体的严重影响。比如，酒精会降低人的记忆力，影响人的行动能力，也会让人在混乱的状态下做出尴尬难堪的行为。青春期女孩要想维护自己的良好形象，在酒精面前一定要保持自控力，不要因为好奇而尝试喝酒。

了解了造成女孩抽烟、喝酒、泡酒吧的原因后，接下来我们就可以想办法有针对性地引导女孩远离这些恶习。

方法一：发现不良情况，要耐心引导

家长苏先生说："前几天无意间发现女儿在学校门口和几个学生在抽烟。当时真是把我气坏了，我没想到一向乖巧懂事的女儿居然染上抽烟恶习。回到家里，我把这件事告诉了孩子妈妈，我们商量了一番，决定不对女儿发脾气，而是慢慢进行引导……"

家长发现女孩表现出不良行为时，无论多么震惊也要控制好情绪。青春期女孩叛逆心强，如果父母着急上火地训斥孩子，很容易激起女孩的对抗情绪。正确的做法是，冷静地和孩子谈心，让孩子认识到抽烟、喝酒、泡酒吧等行为是不利于身心健康的。

方法二：简单讲明道理，说明危害性

青春期女孩虽然性情多变，但是非对错的道理还是会听的。只要父母能够心平气和地讲明道理，说明抽烟、喝酒、泡酒吧的危害性，比如吸烟有害健康，喝酒容易伤肝，喝醉酒容易做出冲动的行为，还容易招致坏人的觊觎。父母还可以告诉女孩：“未来的路还很长，如果因为青春期的恶习伤害了身体，你将会后悔一辈子的。”

方法三：要以身作则，给孩子做榜样

父母如果一根接一根地抽烟、一口接一口地喝酒，甚至经常喝得酩酊大醉，却跟孩子讲道理，叫孩子不要抽烟、喝酒，你觉得你的话有说服力吗？父母是孩子最好的学习对象，孩子往往有样学样。想让孩子远离抽烟、喝酒、泡酒吧等恶习，父母就要严于律己，养成良好的生活习惯，不沾染恶习，给孩子积极的影响。

父母对孩子的知心话：

很多错误在犯了之后也许可以弥补和挽回，但是也有很多事情一旦发生就没有挽回的机会。本着对自己负责的态度，你一定要时刻保持清醒，而不要因为靠近烟酒让自己陷入混乱的状态。记住，身体是自己的，你要对自己负责，所谓爱自己，就是要给自己一个健康的身体。

娱乐场所很多诱惑，引导女孩自觉停住前往的脚步

最近，张女士伤透了脑筋，因为上高二的女儿经常进游戏厅、网吧、KTV 和酒吧。她给一位在青少年心理研究机构的朋友打电话说："高二暑假期间，女儿就跟着几个同学经常往这些成人娱乐场所跑，也不爱写作业了。"

成人娱乐场所不是不允许接待未成年人吗？怎么这条规矩就不起作用了呢？和张女士有同样困惑的家长为数不少。有些家长向记者反映，游戏厅、网吧、KTV 和酒吧等营业性娱乐场所不对青少年"亮红灯"，让他们十分担忧。

一天晚上十点左右，记者到当地的一家 KTV 走访，发现有四五个包厢看起来像"学生"的包厢。在走廊的另一端，记者偶遇一群结完账正打算离开的学生。记者随口问了其中一名男生，他说："我们都是高二学生，这次出来唱歌就是趁着暑假来放松放松。"

在调查中，记者随机拨打当地市区的多家 KTV 包厢的预订电话，并刻意强调了是未成年人订包厢。然而，这些 KTV 都接受订房要求。其中两家 KTV 的工作人员还热情地建议："最好下午来消费，因为价格便宜很多，而且剩余的包厢很多。"

当记者提出：“未成年人不是不能进入成人娱乐场所吗？”

一家 KTV 的工作人员说：“确实有这方面的规定，但问题是，你如何判断这些消费者是未成年人呢？有些学生穿着打扮成熟，光从外表很难判断他们是未成年人。就算知道他们是未成年人，我们不接待他们，也会有其他 KTV 接待他们！”

看到这里，相信很多家长都明白：想让孩子自觉告别成人娱乐场所，不能指望成人娱乐场所对孩子“亮红灯”，而要设法让孩子自觉遵守规则，从而自觉停住脚步。

方法一：告诉孩子哪些场所不宜进入

有些青春期孩子跟着同学一起进入舞厅、酒吧、KTV 等娱乐场所，甚至对这些场所很迷恋，但是他们并不清楚这些场所是不宜进入的。家长有必要清楚地告诉孩子，走到哪些场所门前时应该自觉停住脚步。

逢年过节的时候，有些家长喜欢去 KTV、歌舞厅、酒吧等场所，有时候为了方便，会带上孩子。特别是亲戚一起去 KTV，家长想着带孩子去凑个热闹，却忽视了这些场合对孩子的负面影响。

曾有一位班主任生气地说：“现在的孩子真不得了，现在的家长也是让人无语！”为什么这样说呢？原来，她班里有一个男生在教室里公然扒女生的裙子。她把那个男生叫来问话，得知前天晚上，由于妈妈有事，爸爸带他去歌舞厅。歌厅里有脱衣舞表演，爸爸让他用手把眼睛捂起来。他很好奇：“为什么不能看呀？”于是他偷偷从指缝里看，结果他看到了不该看的一幕。第二天，他就来学校模仿了。

由此可见，成人娱乐场所对孩子的负面影响有多大。那里有衣着暴露的女演员，有男女之间的打情骂俏，有乌烟瘴气的空间，有成人之间的觥筹交错，有震耳欲聋的歌声。如果父母也参与其中，对孩子的负面影响会更深。

所以，建议父母不要贪图一时便利，就带孩子去成人娱乐场所。同时，家长也要注意自己的应酬方式和业余爱好，端正自己的言行，保持积极健康的生活方式，这对孩子是最好的教养。

方法二：让孩子远离负能量朋友

进入成人娱乐场所的未成年人大多是结伴同行，极少有一个人单独前来。由此可见，群体对孩子的影响非常大。想要让孩子自觉告别成人娱乐场所，父母可以从孩子的交往群体下手，引导孩子远离那些喜欢去成人娱乐场所的同学，帮孩子净化交友圈。

当然，前提是父母跟孩子讲清楚负能量朋友对自己有什么不良的影响，让孩子明白是非，认清后果，从而自觉地远离。同时，父母要鼓励孩子多和那些热爱学习、热爱运动、兴趣爱好广泛的同学交往，这样孩子自然容易变得健康向上。

父母对孩子的知心话：

孩子，爸爸妈妈知道现在的社会对你们的诱惑很多，但希望你能够认清什么事情是你这个年纪应该做的，什么事情是不应该做的。若是在好奇心的驱使下，你做了不该做的事情，将来你会为自己年轻时的愚蠢悔恨一生，这是爸爸妈妈最不愿意看到的结果。希望你能牢记。

锻造女孩强大内心，把轻生的想法扼杀在萌芽中

近年来，越来越多青春期的女孩自杀。我国每年约有 20 万名青少年以这种愚蠢的方式来结束自己的人生。自杀就是这样摧残着年轻人的生命。

据调查，我国有 24.39% 的孩子曾有“活着没意思，还不如死了”的念头一闪而过，有 15.23% 的人曾对自杀这件事认真地思考过，有 5.85% 的孩子有过书面的自杀计划，其中自杀未遂人群的比例达到了 1.71%。青少年的自杀行为令父母痛不欲生，给社会带来的负面影响更是巨大的。

一位母亲说，一天，女儿从学校回来，泪流满面地说，她最要好的同学自杀身亡了。原来，女儿的同学因为从从前的第五名直线下降到三十多位后，感觉在班里很没面子，就服毒自杀。自从发生这件事后，女儿的成绩也直线下滑，甚至还常常说“活着没意思”这样的话。于是这位母亲整天提心吊胆，生怕女儿会自寻短见……

女儿的同学因为成绩掉队而选择自杀，这件事不仅让她痛失好友，也对她心理造成了极大的打击，朋友的事情给了她自杀的心理暗示，使她萌生了结束生命摆脱学习压力的念头。

一个女孩如果产生了这样的念头，肯定是压力太大以至于精神崩溃的地步，此时，她们若无法将心中的不良情绪宣泄出去，很可能导致她们最后选择极端方式结束生命。青春期的女孩自杀的原因有自身的原因，也有外部环境的原因。

处于青春期的女孩社会阅历浅，对问题的分析认识能力低，遇到困难容易陷入束手无策的境地。加上其自身性格上的弱点，她们在遇到突发的、较大的困难时毫无应对能力，无法控制绝望的情绪，第一个念头就是用自杀来逃避现实。为什么我们的孩子会这么脆弱？这里面深藏的问题值得父母深入思考。其实，如果父母能及早地对自己的孩子进行生命教育，并帮助她们化解心中的矛盾和情绪，那么这些女孩就可能不会选择结束自己的生命了。那么，有哪些具体方法可以帮助父母教育青春期女孩正确看待生死，学会珍爱自己的生命呢？

方法一：让女孩正确认识自己生命的价值

一个妈妈这样谈到自己的育女经验：

有一次，上高一的女儿突然好奇地问我："妈妈，人为什么要活着呀？"我想了一下，笑着说："女儿，你这个问题问得非常好。妈妈认为，人是因为爱而活着的。举个例子来说，妈妈是因为有你爸爸、有你，还有外公和外婆的爱而活着的。因为你们爱我，所以我才活得有希望、有成就感。"

女儿突然调皮地问："那我们要是都不爱你了呢？"

我仍然笑着说："假如真有那一天，我也会把自己无私的爱奉献给你们，让你们能因感受到我的爱而活着。"

女儿激动地搂着我说："妈妈，我知道了，我也要为了爱而活着。”

很多青春期的孩子都会和上例中的女孩一样，对“人为什么活着”这个问题存有疑惑。或许很多妈妈会说，这个问题很好回答——人可以为了家庭而活着、为了事业而活着、为了衣食住行而活着……没错，你可以告诉女孩很多种人活着的理由，但无论是哪一种答案，这个答案都必须是乐观的、积极的、向上的，因为只有这样，才能让女孩正确认识“人为什么活着”，才能让她们充满希望和热情地去为未来打拼。

方法二：用恰当的语言向女孩表达和描述死亡

妈妈要正确地对女孩进行生命教育，用恰当的语言向女孩表达和描述死亡，让她认识到死亡是一种客观存在的现象，它既没有那么恐怖，也不像有些书中、电视里描写得那么美好。死亡只是一个自然现象，是一件人人都会遇到的平常事，鼓励女孩要更加珍爱生命。

父母对孩子的知心话：

孩子，当你心情不好或是遇到困难时，不要一个人独自品尝自己的悲伤，而应该学会及时宣泄不良的情绪，你可以把不开心的事和烦恼都写在日记本上，也可以和爸爸妈妈进行沟通。当你能够把这些说出来后，你的内心就会得到舒适。而且，你不要太给自己压力，爸爸妈妈不希望你成为什么伟人，只希望你成为一个快乐的人。只要你愿意，你就可以过上任何你希望过的生活。

防范毒品侵害，对不良诱惑停止好奇心

十几年来，随着网络时代的到来，青少年违法犯罪率呈明显上升趋势，其中因毒品诱发的犯罪率逐年上升。青少年犯罪既有自身方面的原因，比如文化水平低、法律意识淡薄、缺乏正确的人生观和价值观，以及贪图享受、好逸恶劳等不良品质，当然，外在因素也不可忽视。

有一个 16 岁的女孩在网络上和朋友这样聊天：

前两天朋友过生日的时候，他们带我去了酒吧，那是我第一次走进那种场所，非常刺激。你知道那里面的酒多少钱一杯吗？你猜都猜不到。当时我们有十几个人，有一个人给朋友的生日礼物竟是一袋摇头丸！没想到就那样一颗小玩意儿，就把聚会推到了高潮。我吸食摇头丸后，眼睛里看到的就像天堂一样，再加上音乐、灯光、酒精的混合刺激，还有很多帅哥在你身边摇晃，真是太爽了！下次你一定要来参加！

现在，有些青少年为了追求刺激，不惜屡次尝试摇头丸等毒品，甚至聚众吸食毒品。青少年吸毒问题必须引起广大家长的重视。

其实，青少年涉毒问题增多有着多方面的原因，例如，社

会、学校对毒品危害的宣传力度不够；受毒品暴利诱惑等。所以，预防青少年吸食毒品和对其进行反毒品教育是需要家庭和社会共同努力的，尤其是广大家长要加强对孩子的相关教育。

方法一：引导青春期女孩增强自我保护意识

有些青少年在不良“朋友”的引诱下，慢慢接触毒品，最后在吸毒、犯罪之路上无法回头。

13 岁的圆圆因受表哥的影响，上中学时就学会了吸烟。有一次，她看见表哥把一包白色粉末状的东西放进香烟里，吸过后眯着眼，一副很享受的样子。在强烈好奇心的驱使下，她也吸了一口。此后，她便染上了毒瘾。

父母一定要告诫孩子：面对不良诱惑，千万别好奇，别尝试，尤其是粉末状的东西。同时，注意分辨自己的朋友，对于不能给自己带来积极影响的朋友，一定要尽快远离。父母也应该关注孩子的交友情况，发现孩子和吸烟、喝酒、无所事事的人交往时，一定要及时了解情况，做好劝导。

方法二：帮助青春期女孩养成良好的生活习惯

一个妈妈在网络上痛苦地写下这样一段文字：

女儿瑞瑞已经 16 岁了，她虽然从小爱玩好动，但学习成绩一直不错。有一次，在游戏机房里，瑞瑞认识了一群朋友。他们掏出一种白色粉末，围坐在那里吸，一副飘飘欲仙的样子，一下子就引起了她的好奇心。当这些“朋友”怂恿瑞瑞尝一口时，瑞瑞毫不犹豫地伸出了手。有了第一次，就有了第二次、第三次。后来，为了弄钱吸毒，瑞瑞开始学会撒谎、逃课、偷钱，原本健康的女儿竟然成了瘾君子，我伤心难过之余真不知道该怎么帮助女儿。

生活中，妈妈应该帮助女儿养成良好的生活习惯，让她与毒品绝缘。例如，告诫女儿不要吸烟、喝酒，多参加健康的集体活动、体育运动，周末全家人可以一起出游，妈妈可以协助女儿规划好生活和学习，让她的生活变得更加合理、充实。

父母对孩子的知心话：

孩子，虽然毒品最容易诱惑的是男孩子，但女孩也不能够掉以轻心，以为这些东西离你很远。在日常生活中，爸爸妈妈希望你能与我们多交流、沟通，把学校的故事讲给我们听，若遇到了心事也与我们商量。不要接触社会上闲散人员，更不要去环境复杂的地方。唯有保护好自己，你的青少年时期才会靓丽多彩。

正确看待孩子为何拿别人东西的问题

每一个孩子在一两岁时都处于无我的状态，他们把自己与外部世界看作浑然一体，而不能把自己与外部世界区分开来。等到两三岁前后，孩子的自我意识越来越强烈，他们开始区分自己与外部世界。对于物权的归属，他们也有了模糊概念。例如，三岁前后的孩子最喜欢说的话就是“我的我的我的”，他们很擅长把一切喜欢的东西都“据为己有”，这是因为他们对于物权归属还没有明确的概念。要想让孩子不拿别人的东西，就要引导孩子区分自己的东西、他人的东西，就要告诉孩子，有的东西是属于他人的，不能拿不属于自己的东西。

很多父母觉得孩子喜欢拿别人的东西是因为品质恶劣，实际上，对于年幼的孩子而言，这只是身体发育所处的特殊阶段导致的特殊行为，是完全正常的，而与品质没有任何关系。父母要了解孩子的身心发展规律，这样才能有的放矢地引导孩子。要想避免孩子随便霸占别人的东西，就要让孩子区分哪些东西是自己的，哪些是东西是别人的，建立明确的物权归属概念，才能够对孩子的成长起到积极的推动作用。

在过了三岁之后，如果孩子仍有随便拿别人东西的行为，就涉及贪小便宜了。很多孩子一开始都有爱占便宜的思想，现在的很多成年人也有这样的思想。其实，孩子爱占便宜也是天性之一，并不是品质的问题。在教育和陪伴孩子的过程中，父母一定要以身作则，给孩子做好榜样，否则，孩子看到父母贪小便宜，也会受到父母的影响。

有一天，妈妈带子琪去菜市场买菜。子琪很喜欢去菜市场，因为菜市场里不但有新鲜的蔬菜，还有很多活蹦乱跳的鸡、鸭、鱼、鸽子等，子琪最喜欢看这些小动物。

带着子琪看完鸽子等活禽之后，妈妈就带着子琪一起去买菜。在一个摊位上，因为摊主忙着应付买菜的人，所以多找给妈妈十元钱。妈妈当时着急回家，也就没有注意，回到家里，妈妈在检查钱包的时候，才发现多了十元钱。为此，妈妈当即要去菜市场把钱还给摊主。子琪不以为然地说："这是他主动给你的呀，又不是你偷的，我觉得不用还。"妈妈一本正经地对子琪说："虽然这个钱是他主动给妈妈的，但并不是他应该给妈妈的，他只是因为忙于做生意，所以才算错了账。从本质上来说，这个钱是属于摊主的，妈妈如果把这个钱据为己有，就是品质的问题。"在妈妈的坚持下，子琪和妈妈一起回到菜市场，把钱还给了摊主。摊主对妈妈感激不已，连声夸赞妈妈是个好人。

走在路上，我们捡到贵重的物品应该怎么做呢？是将其据为己有，还是将其送到警察局，让警察叔叔负责找到它的失主？听起来，这些东西是走在路上捡到的，并不是偷来的，所以可以据为己有，但是实际上这样的思想是不正确的。因为我们也许不知道那些东西是属于谁的，但是知道它们一定不属于我们，既然如此，我们就应该做到物归原主。

有人说，父母是孩子的第一任老师，孩子是父母的镜子，这句话非常有道理。很多父母在日常生活中都很喜欢贪小便宜，这样一来，不知不觉中就会对孩子造成负面的影响，导致孩子在成长过程中也这样做。在发现孩子的言行举止出现问题的时候，父母先不要急于苛责孩子，而应该反思自身，从自己的行为着手，看看自己有没有哪些地方做得不对，这样才能够更好地教养孩子。

要想培养出品质高尚的孩子，当发现孩子的行为举止中出现小瑕疵时，父母一定不要随便纵容和包庇孩子。要知道，虽然孩子的事看起来不值一提，但是，如果父母总是对这些事情掉以轻心，无形中纵容孩子，就会导致孩子养成恶习。等到孩子长大成人之后，父母再想改掉孩子的这些恶习，就会很难。常言道，小时偷针，大时偷金，虽然孩子小时候把别人的东西据为己有不是偷窃行为，但是如果有意识地占据别人的东西，那么就是严重的偷窃行为。父母要给孩子树立积极的榜样，也要引导孩子做出正确的举动。

当然，孩子的成长是漫长的过程，孩子的心灵也很稚嫩，他们就如同一张白纸，需要在父母的引导下渐渐地给心灵着色。不管是父母还是女孩，对于成长都要有足够的耐心，也要有足够的坚持，这样才能避免在漫长的成长过程中误入歧途。

父母对孩子的知心话：

你一定要知道哪些东西是自己的，哪些东西是别人的。对于别人的东西，哪怕是别人在无意之中给我们的，或者是我们偶然得到的，也不能够将其据为己有。只有分清楚你的、别人的，你才能够更有原则地生活，才能够心安理得地享受属于自己的东西。

告别手机游戏，让女孩不再成为“低头族”

在这个网络时代，手机不仅是必备的社交工具，还是娱乐工具。手机让很多成年人变成了“低头族”，也让很多青春期孩子变成了“手游迷”。尽管玩手游的孩子以男孩居多，但其中也有不少女孩。这让家长和老师十分头疼。

游戏具有非常强的社交性，内置的语音功能让女孩子们如痴如醉。当她们戴上耳机的那一刻，她们似乎就进入到另一个世界。她们一边打游戏，一边与同学、朋友聊天。游戏取胜时她们一起吹捧，游戏输了时互相交流经验。

处于青春期的女孩子自控力有限，游戏的吸引力让她们无法自拔，所以一旦染上游戏瘾就很难戒掉，学习成绩走下坡路是必然的。看着孩子一有时间就拿着手机摆弄，饭不好好吃、觉不好好睡，整个人精神萎靡，家长不禁感叹：“手游真是数码海洛因！”

一位家长无奈地说：“我感觉手机已经吃掉了我的孩子。”这位父亲说，女儿从中学开始就爱玩手机游戏，越长大越沉迷。如今上初三了，眼看就要中考了，但女儿却无心学习，几乎把全部的心思都放在了手机游戏上。她会因为游戏没玩好而气得大喊大叫，却从来不会因为考试没考好而难过。他也曾收走过女儿的手机，女儿竟然干脆赌气不去学校……

手机游戏对青春期的女孩来说，是一个吞噬精力的“黑洞”。长此以往，不仅会严重损害孩子的视力，还会让孩子的语言能力、思考能力大幅度降低，使孩子无法安静下来学习。因此，孩子戒掉手游瘾是家长必须重视的课题。

方法一：父母要少玩手机，多陪孩子

不知你是否发现一个有趣的现象：很多家长抱怨孩子沉迷手游，自己却恰恰是“低头族”，整天手机不离手。下班回到家就拿着手机，不是刷朋友圈，就是逛淘宝，再不就是看抖音。明明有空陪孩子聊聊天、带孩子做做家务，可他们却不做。所以，喜欢玩手机的家长，有什么资格责怪孩子沉迷手游呢?

另外，有些家长为了让孩子安静一会儿，主动把手机塞给孩子；有些家长为了少陪孩子一会儿，主动让孩子玩 iPad 或电脑。等孩子对手机、电脑着迷后，又来抱怨孩子，这难道不是很可笑吗?

为了帮孩子戒掉手游瘾，家长应该少玩手机、多陪孩子。

方法二：给孩子高质量的陪伴

有一位母亲向朋友诉苦，说她那青春期的女儿整天就知道玩手机游戏，朋友笑着说：“你还是多抽时间陪陪孩子比较好。”

这位母亲马上肯定地说：“我每天都会陪女儿做作业的，我很用心的！”

朋友反问道：“你真的很用心吗？上次我去你家，我确实看到你在陪女儿做作业。不过你只是坐在女儿身边玩手机，这种陪伴是没有质量的。”

这位母亲尴尬地笑道：“不然我能做什么呢？难道让我拿本书看？这我可做不到！”

很多家长明明是在陪孩子，却“身在曹营心在汉”。在日常生活中，经常听到父母对孩子说：“你做作业啊，我陪着你。”“你好好看书啊，我陪你。”说完便掏出手机专注地开始刷屏……

这种陪伴等于无效陪伴，因为在这种状态下，孩子是孤独的。她写她的作业，看她的书，得不到你的任何回应。孩子只看到父母津津有味地对着手机屏幕露出丰富的表情，时而发笑，时而沉思，时而疑惑。这让孩子觉得手机里藏着一个奇妙的世界，所以也对手机好奇，一有机会就去手机里探索，自然就容易沉迷手机。

我们再来看另一位家长的做法，看她是怎么陪伴女儿的。

曾经有段时间，陈女士和丈夫因为工作忙碌，对女儿有些忽略。女儿没事的时候，陈女士和丈夫也像其他父母那样，让女儿自己玩游戏打发时间。时间久了，她发现女儿迷上了一款手游。每天放学回家第一件事就是打开iPad玩几盘游戏才肯做作业，做完作业马上急不可待地继续玩游戏，原本爱阅读的她变得不再读书。

有时候，陈女士不让女儿玩游戏，女儿就去网上逛淘宝，挑选她感兴趣的东西，让陈女士给她买。眼看着女儿也成了手机一族，陈女士有些着急，她和丈夫经过沟通，决定把女儿从手机里拽出来。

陈女士和丈夫约定：以后下班回家，就不玩手机了，有工作上的事情要处理直接打电话，把时间用在陪伴女儿上。

陈女士会陪女儿一起玩成语接龙，一玩就是半个小时。丈夫会陪女儿一起看历史书，给女儿讲穿越千年的历史故事。有时候，一家三口开展知识竞赛，轮流出题，剩下两人抢答。这样做了大概半个月，女儿进家门后不再急着玩游戏，而是先做作业。吃完饭后，她会缠着父母陪她玩。

有一次，陈女士问："女儿，你现在还喜欢用 iPad 玩游戏吗？"

女儿说："现在不想玩了，前段时间是因为太无聊才玩的。"

一对热爱生活、有生活情趣的父母，胜过任何一款电子游戏。做热爱生活的父母，而不是热爱手机的父母，这对孩子的影响十分有益。热爱生活、有情趣的父母，会在平凡的日子里创造惊喜，把平淡的柴米油盐变得趣味十足。孩子在这样的日子里会变得热爱生活、学习，变得健康向上。

父母对孩子的知心话：

孩子，手机虽然现在成了生活的必需品，但手机游戏却是消耗精力、浪费时间的"毒品"。你会发现，当你玩起一款手机游戏后，时间会在不知不觉中流逝，而回顾今天一天做了什么，除了茫然再无其他。难道你希望你这么多彩的青少年时光就在手机游戏中让它渐渐流逝吗？不要再做"低头族"了，抬起头看看吧，爸爸妈妈期待着你与我们做游戏或聊天，室外清新的空气和爽朗的天空也在等待着你与它的亲密接触。离开手机游戏，你会发现你的世界绚烂多姿，你的人生也会出现多种色彩。

正确看待偷吃了“禁果”的女孩

放眼看去，地铁里、公交车上、马路边、公园里，到处都可以看到情窦初开的少男少女旁若无人地手拉手卿卿我我，无比亲密。试想一下，夜幕降临后，她们会不会做出更亲近的行为呢？

我们知道，青春期孩子对异性充满了好奇，会有懵懵懂懂的性冲动。如果没有机会探索，青春期的女孩只能把这份好奇压抑在心中。但如果她们早恋了，有机会探索异性了，那么偷吃“禁果”的概率就会变大。

由于青春期女孩对性的了解不够科学，加上年龄太小，往往无法承担偷吃“禁果”的后果。一旦发生性行为，她们就很容易担惊受怕，羞于见人。更可怕的是，如果女孩不慎怀孕了，将会给身体造成严重的伤害，对成年后的感情生活也会造成难以弥补的伤害。

雪萍是一名高一女生，她抑制不住青春期的性冲动，抵抗不了同年级一个男生的追求，两人谈起了恋爱。最初，两个人只是单纯地交朋友，一起上学、放学，偶尔交流学习问题，感情非常好。可是没过多久，男生就提出了性要求，而雪萍默许了。

有了第一次，就有了第二次、第三次……直到有一天，雪萍的“好朋友”不再光顾，她忐忑不安地买了验孕试纸，结果发现自己怀孕了，顿时感到晴天霹雳。男朋友得知这个消息后，吓得手足无措，最后竟然和她分手了。

雪萍慌了神，但又不敢跟父母说，整天浑浑噩噩的，感觉人生全部毁了。后来，她找表姐借钱，偷偷去医院做了人流。做完手术后，她躺在冰冷的手术台上，一个人默默流泪。那一刻，她后悔自己早恋，后悔偷吃“禁果”。

青春期女孩身心尚未成熟，她们可能只是因为一时的性冲动或对性的好奇，而和异性发生性关系。一般来说，这种情况下偷尝“禁果”会让她们从刺激、欣喜变得忐忑、恐惧，接着她们会担心被家长发现而惶惶不可终日。

所以，当妈妈发现女儿偷尝了“禁果”，一定要小心谨慎地处理，千万不要把事态扩大，更不要气急败坏地打骂女儿，因为这样只会让女儿变得更加叛逆、怨恨。正确的做法是平心静气地倾听女儿的想法，开诚布公地和她讨论解决问题的最佳方法。除此之外，下面这些引导方法也值得妈妈尝试。

方法一：发现女儿偷尝“禁果”，不要呵斥她

曾经在网络上有这样一个案例：

15岁的初三女孩有一个交往一年多的男朋友，两个人感情还不错。后来，两人偷尝了“禁果”。没想到两个多月后，女孩突然发现自己怀孕了，而这个消息让女孩不知所措。很快，女孩的妈妈就知道了这件事情，并且找到了那个让女儿怀孕的男孩。双方父母都不想把事情闹大，于是就让两个孩子分手，并且让女孩把孩子打掉。然而这件事情并没有就此结束，从此之后，女孩每天回到家都被妈妈骂，说她“丢人”……刚开始，女孩还能忍受，最后，她实在忍受不了就离家出走了。

这个女孩在偷尝“禁果”后，她已经很担忧和茫然失措了，但这时候家人不但没有安慰她、理解她，反而不停地打击她、辱骂她。这对一个未成年女孩来说是一种极大的伤害和刺激，她最后的离家出走也是家人直接导致的。

所以，当妈妈发现女儿偷尝“禁果”后，不要总是呵斥她，甚至侮辱打击她，而是应该站在她的角度对她表示理解，并且协助她一起把问题解决好。最重要的是，在解决问题的过程中，妈妈要让女儿认识到自己的错误，以及她应该承担的责任，让她明白在青春期哪些事情是需要努力去做的，而哪些事情是被禁止的，只有这样，她才能真正地成长。

方法二：对女儿进行性教育，让她也掌握更多性知识

很多青春期女孩因为对于性知识知道得太少，再加上有些妈妈对这个问题讳莫如深，间接剥夺了女孩的知情权，所以对于性知识知之甚少的女孩可能会去尝试。因此，妈妈可以开诚布公地与女儿讨论性及性器官的基本常识，要把正确的价值观清楚地告诉女儿，从而让她懂得如何尊重、爱护自己和他人。

父母对孩子的知心话：

在月经初潮之后，你就已经具备了生育能力，这意味着，如果你与异性发生性行为，你就很有可能怀孕。你还很小，最重要的是避免发生性行为，如果和异性发生了性行为，就一定要采取适当的避孕措施来保证安全。如果在无法预料的情况下发生性行为，也不要感到慌张，而是要第一时间告诉爸妈，我们会和你一起面对和解决问题。